Ulrike Hoeth
Wolfgang Schwarz

Qualitätstechniken für die Dienstleistung

Die D7

2. Auflage

HANSER

Inhalt

1 Einleitung

1.1 Die moderne Dienstleistungsgesellschaft

Seit Beginn der 80er Jahre zeigt die wirtschaftliche Entwicklung weltweit einen Wandel von der Industriegesellschaft hin zur Dienstleistungsgesellschaft.

Die folgende Grafik verdeutlicht dies eindrucksvoll anhand der Aufteilung des Bruttoinlandsproduktes der Bundesrepublik Deutschland.

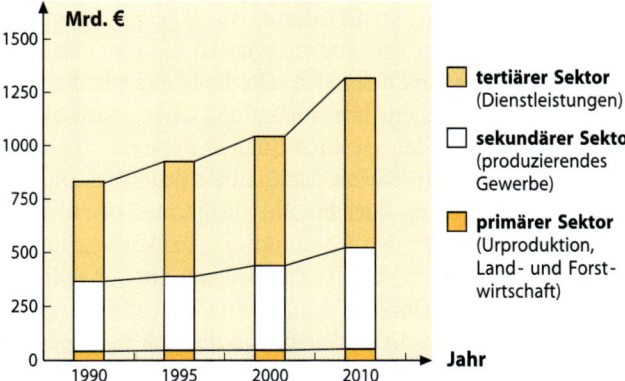

Bild 1: *Entwicklung des Bruttoinlandsproduktes*

(Quelle: Prognos 95)

Für das Weltsozialprodukt gilt Ähnliches: Der Anteil der Dienstleistungen stieg auf fast 65 %. Diese massive Expansion des Dienstleistungsgewerbes schafft neue Arbeitsplätze. So sind allein in der Bundesrepublik in den alten Bundesländern zwischen 1984 und 1994 3,2 Mio. neue Arbeitsplätze im Dienstleistungsbereich entstanden.

Der Anteil von Dienstleistungsunternehmen an der gesamten Wertschöpfung in der Bundesrepublik überstieg im ersten Halbjahr 1996 erstmals den der Industrieunternehmen [*debis forum 96*]. Und auch in Zukunft wird mit Recht große Hoffnung auf den tertiären Sektor gesetzt. Hier wird eines der vielversprechenden Gebiete für die Schaffung neuer und vor allem moderner und zukunftssicherer Arbeitsplätze gesehen. Doch Deutschland hat in diesem Bereich noch einen großen Nachholbedarf. Gilt für den Bereich der Industriegüter die Bezeichnung „Vize-Exportweltmeister" immer noch, ist man von einer Führerschaft in Sachen Dienstleistungsexport weit entfernt. Im Gegenteil, Deutschland importiert mehr Dienstleistungen als es exportiert.

Die Bundesrepublik kann sich allerdings nur wie die USA zu einer erfolgreichen Dienstleistungsnation entwickeln, wenn sowohl Quantität wie auch Qualität des Service gesteigert werden. Doch gerade an der Qualität deutscher Dienstleistungen mangelt es. Berichte über schlechte Dienstleister sind in den Medien an der Tagesordnung. Die Worte „Dienstleistung" und „dienen" haben nach wie vor einen negativen Klang in deutschen Ohren.

Motiviertes, freundliches Personal scheint in Deutschland eher die Ausnahme als die Regel zu sein. Der Kunde kennt allzu gut unwilliges Verkaufspersonal, bei dem er sich eher als Störenfried denn als König fühlt. Das liegt allerdings nicht nur am Servicepersonal allein. Oft mangelt es an Motivationsfaktoren und Anreizstrukturen. Dienstleistungsberufe stehen oft in schlechtem Ansehen, sind schlecht bezahlt und werden vom Management oft nur unzureichend unterstützt. Anders ausgedrückt sind Dienstleistungen für viele Unternehmen lästige Zusatzleistungen zum „echten" Produkt.

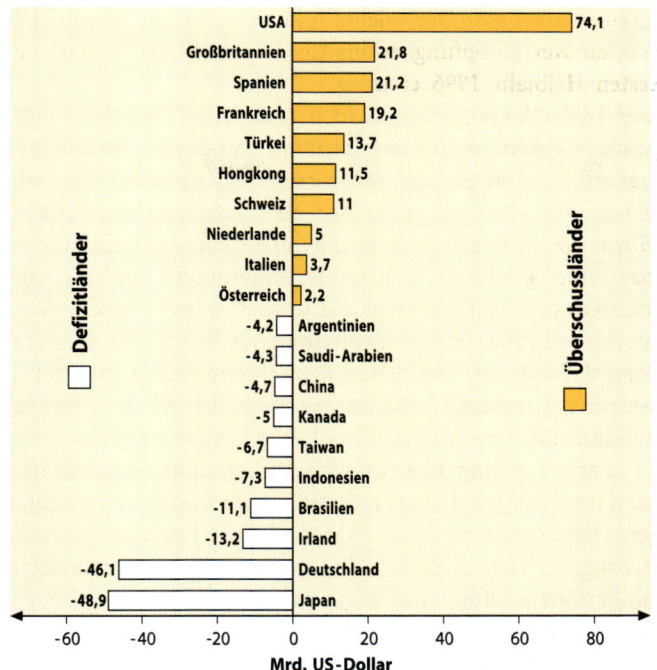

Bild 2: *Verhältnis von Dienstleistungsimport und -export 1996*

(Quelle: Mangold 00)

Es stellt sich folglich die Frage, wie bestehende Dienstleistungen verbessert werden können und neue Leistungen von vornherein auf einem höheren Qualitätsniveau erbracht werden können. Der Blick auf die Beziehung zum Kunden und die Kontaktpunkte zwischen ihm und dem Serviceanbieter ist hierfür unerlässlich. Einfaches Kopieren bei den Sachgütern kann nur ein erster Anfang sein, reicht aber nicht aus. Dienstleistungen stellen andere Anforderungen und Bedingungen als die produzierende Industrie. Ihre Problemfelder sind anders gelagert und benötigen spezielle Techniken und Werkzeuge zur Unterstützung.

In der Wissenschaft wurden zahlreiche Techniken entwickelt und bereits bei Serviceunternehmen erprobt und angewandt. Ist die Skepsis am Anfang noch groß, wird jedoch schon bald deutlich, dass der Mehraufwand beim ersten Einsatz der Werkzeuge rasch durch zufriedenere Kunden, engagiertere Mitarbeiter, sinkende Fehlerquoten und Kosteneinsparungen ausgeglichen und letztlich sogar überkompensiert wird. Die Dienstleistungsqualität steigt, die Kunden sind zufriedener und halten dem Unternehmen die Treue, wodurch langfristig höhere Gewinne erzielt werden können [*Heskett 97*].

Dieser Zusammenhang ist der Ansatzpunkt für die in diesem Buch vorgestellten Qualitätstechniken für Dienstleistungen. Der erste und entscheidende Schritt muss die Verbesserung der Dienstleistungen sein, er wird mit dem Resultat einer höheren Kundenzufriedenheit belohnt.

1.2 Aufbau des Buches

Die Gliederung des Buches orientiert sich an dem bereits erfolgreichen Vorgehen der Reihe *Pocket Power*.

Das Kapitel *„Grundlagen zur Dienstleistungsqualität"* unterstützt das allgemeine Verständnis von Dienstleistungen. Hier werden für den praxisorientierten Anwender die theoretischen Begriffe anschaulich und gemäß dem aktuellen Stand von Wissenschaft und Forschung dargestellt und erläutert.

Das folgende Kapitel *„Die Sieben Qualitätstechniken für den Dienstleistungsbereich"* stellt ausgewählte Werkzeuge dar. Dies sind erprobte Techniken, die ihre Tauglichkeit in der Praxis bereits nachgewiesen haben und mehr und mehr Verwendung finden. Sie wurden entweder speziell für den Servicebereich entwickelt oder haben sich für das Dienstleistungsgewerbe als besonders geeignet erwiesen. Ähnlich den Sieben Kreativitätswerkzeugen (K7), den Sieben Managementwerkzeugen (M7) oder den Sieben Elementaren Qualitätswerkzeugen (Q7) (siehe *Pocket Power Kreativitätstechniken* und *Qualitätstechniken*) liegen die Besonderheit und der Vorteil in der Kombination der verschiedenen Techniken, die im Dienstleistungskreislauf aufeinander aufbauen. Ihr Zusammenwirken wurde durch das Fachgebiet Qualitätswissenschaft der TU Berlin getestet und erprobt.

Folgende Dienstleistungstechniken werden ausführlich beschrieben und dargestellt:

- ▶ Vignetten-Technik,
- ▶ Service-Blueprinting,
- ▶ Sequentielle Ereignismethode (SEM),
- ▶ ServQual,
- ▶ Beschwerdemanagement,
- ▶ Frequenz-Relevanz-Analyse von Problemen (FRAP),
- ▶ Service-FMEA.

Zusätzlich zu den sieben Werkzeugen werden ergänzend mögliche Abwandlungen oder vergleichbare Techniken vorgestellt.

Jedes Werkzeug wird leicht verständlich erklärt und anhand eines Praxisbeispiels erläutert. Die Erläuterungen in den Unterpunkten „Worum geht es?", „Was bringt es?" und „Wie gehe ich vor?" helfen dem Anwender, einen Überblick und ein besseres Verständnis zu bekommen. Dieses Vorgehen wird durch Tipps, Hindernisse, Variationen und Vertiefungen zur Anwendung unterstützt.

Durch den *Pocket Power Qualitätstechniken für die Dienstleistung* soll in mehreren Teilschritten eine schnelle Anwendung der Werkzeuge ermöglicht werden.

„WORUM GEHT ES?"

Unter diesem Punkt wird das Prinzip der vorgestellten Technik erläutert. Die Zielsetzung wird erklärt.

„WAS BRINGT ES?"

Dieser Punkt verweist auf Möglichkeiten und Grenzen der Werkzeuge und stellt sie in den Zusammenhang anderer Techniken.

„WIE GEHE ICH VOR?"

Unter dieser Überschrift wird die praktische Anwendung beschrieben. Das Vorgehen und der Ablauf werden dabei schrittweise anhand anschaulicher Beispiele erklärt. So wird eine unmittelbare Anwendung auf die eigene Praxis ermöglicht.

 Mit diesem Symbol werden Tipps angezeigt, die helfen sollen, das Werkzeug effizient anzuwenden.

 Dieses Symbol zeigt mögliche Hindernisse und Fallen, die beim Einsatz der Techniken auftreten können und den Erfolg der Anwendung beeinträchtigen könnten.

„VARIATIONSMÖGLICHKEITEN"

Hier werden Variationsmöglichkeiten der Werkzeuge erläutert. Ihre Anwendung kann so variabler gestaltet werden oder weitere Techniken können aufbauend auf erzielten Ergebnissen ergänzend angewendet werden.

„ÜBUNGSAUFGABE"

Unter dieser Überschrift werden einfache Beispiele aus dem täglichen Leben angeführt, die ein spielerisches Erlernen der beschriebenen Technik außerhalb des Arbeitslebens ermöglichen.

2 Grundlagen zur Dienstleistungsqualität

2.1 Der Dienstleistungsbegriff

Eine eindeutige Definition des Begriffs Dienstleistung ist schwierig. Unterschiedliche Ansätze sind bekannt [*vgl. Berekoven 74; Hilke 89*], wobei die meisten versuchen, eine Abgrenzung zu anderen Wirtschaftsbereichen zu schaffen.

Die amtlichen Statistiken nutzen bspw. eine Dreiteilung, die durch Zuordnung einzelner Branchen zu drei Sektoren gekennzeichnet ist:

- **primärer Sektor** (Land- und Forstwirtschaft, Urproduktion),
- **sekundärer Sektor** (produzierendes Gewerbe),
- **tertiärer Sektor** (Dienstleistungen).

Die Zuordnung der Dienstleistungen zum tertiären Sektor ist jedoch unscharf, da nur beispielhaft einzelne Branchen genannt werden. Darüber hinaus kann auf diese Weise keine Auskunft über die Besonderheiten von Dienstleistungen gegeben werden.

Die Besonderheiten von Dienstleistungen sind aber der entscheidende Punkt. Betrachtet man sie näher, so wird deutlich, dass Dienstleistungen im Wesentlichen durch drei Elemente charakterisiert und damit von Sachleistungen abgehoben werden [*Corsten 85*].

Diese Wesensmerkmale sind:
- *Immaterialität* der angebotenen Leistung:
  Dienstleistungen lassen sich nicht „anfassen". Es werden im Gegensatz zur Sachgüterproduktion keine fassbaren Objek-

te, sondern Fähigkeiten angeboten. Im Amerikanischen ist daher der Ausspruch „Dienstleistungen kann man sich nicht auf den Fuß fallen lassen" durchaus geläufig.

- Die Leistungen eines Unternehmensberaters werden zwar in Präsentationen und Abschlussberichten festgehalten, die Dienstleistung besteht aber nicht in der „Produktion" von beschriebenem Papier, sondern in dem physisch nicht greifbaren, aber dennoch umsetzbaren Ergebnis einer Unternehmensverbesserung.

▶ Integration des *Kunden**:

Für die Erbringung einer Dienstleistung muss der Kunde nicht nur anwesend sein, sondern er wird einbezogen und nimmt an der Erbringung teil. Der Kunde selbst nimmt daher Einfluss auf die Dienstleistung, er ist an ihr beteiligt.

- Um ihren Service exzellent auszuführen, sind Kurierdienste darauf angewiesen, dass ihre Kunden die zu überbringenden Sendungen anforderungsgemäß verpacken und korrekt adressieren. Gibt der Absender eine falsche Adresse an, ist der beste Dienstleister nicht in der Lage, ihn zufrieden zu stellen.

▶ *Gleichzeitigkeit von Produktion und Konsum:*

Dienstleistungen werden in dem Augenblick vom Kunden verbraucht, in dem sie erbracht werden und sind daher nicht lagerfähig. Es handelt sich um eine Produktion, die durch die Anwesenheit des Kunden ausgelöst wird und nicht unabhängig von ihm ausgeführt werden kann.

---

* Statt „Kunde" müsste genauer von „externem Faktor" gesprochen werden, d. h. dem Kunden und dessen Verfügungsobjekten. Bei einer Autoreparatur bspw. nimmt nicht der Kunde selbst an der Dienstleistung teil, sondern sein Auto, also sein Verfügungsobjekt.

- Die Behandlung durch einen Zahnarzt erfolgt in dem Moment, in dem der Kunde – Patient – zu ihm kommt und sich in seine Obhut begibt. Der Zahnarzt könnte das Bohren eines Loches im Zahn des Patienten nicht unabhängig vom Patienten erledigen, er ist auf dessen Anwesenheit angewiesen und kann die Behandlung nicht zu einem vorherigen Zeitpunkt erbringen und dann lagern.

Mit diesen drei Charakteristika von Dienstleistungen kann folgende Definition aufgestellt werden: *Dienstleistungen sind immaterielle Güter, die von personellen oder materiellen Leistungsträgern an externen Faktoren (Personen oder deren Verfügungsobjekten) erbracht werden.*

Um gezielt an Verbesserungen arbeiten zu können, ist die Kenntnis der genannten Besonderheiten eine wichtige Grundlage. Um Dienstleistungen darüber hinaus zu systematisieren, eignet sich das Drei-Dimensionen-Modell [*Hilke 89; Donabedian 80*].

2.2   Das Drei-Dimensionen-Modell der Dienstleistung

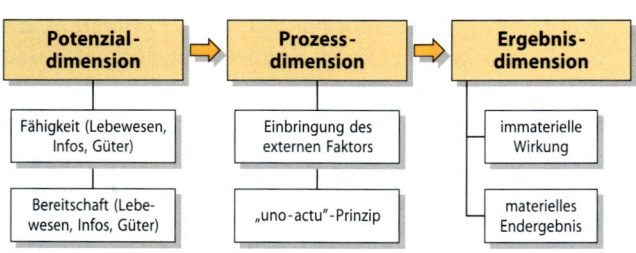

Bild 3: *Das Drei-Dimensionen-Modell*

Das Drei-Dimensionen-Modell schafft die Möglichkeit, die unterschiedlichen Begriffsinhalte von Dienstleistungen zu erfassen und eindeutig darzustellen.

▶ **Die Potenzialdimension**
wird geprägt durch die Fähigkeit, eine Dienstleistung zu erstellen (Können) und die Bereitschaft, dies zu tun (Wollen) [*Hilke 89*].

• Unter der Potenzialdimension kann bspw. die Ausstattung eines Krankenhauses verstanden werden – nicht nur seine technischen Möglichkeiten, sondern auch die physikalischen und organisatorischen Gegebenheiten. Darüber hinaus zählen auch die Qualifikation und Motivation der Mitarbeiter zum Potenzial [*Donabedian 80*].

▶ **Die Prozessdimension**
erfasst die Dienstleistung als Folge von Tätigkeiten – Prozessen –, die die gleichzeitige Leistungserstellung und -verwertung beinhalten.

• Der Prozess selbst stellt die Dienstleistung dar. Bei Dienstleistungen wie einer Theater- oder Kinovorstellung stehen für den Kunden die Teilnahme an der Vorstellung und die Zeit, die er im Theater oder Kino verbringt, im Vordergrund. Der Kunde erwirbt mit dem Kauf der Eintrittskarte die ca. 2-stündige Teilnahme am Prozess der Dienstleistung.

▶ **Die Ergebnisdimension**
betrachtet das Resultat einer Dienstleistung. Dieses kann in Form einer materiellen oder immateriellen Veränderung am Kunden oder seinen Verfügungsobjekten vorliegen [*Haller 95*].

• Die Ergebnisdimension lässt sich verständlich am Beispiel eines Zahnarztbesuchs darstellen. Der Patient ist hier in der Regel an der Wiederherstellung seiner Gesundheit bzw. an einer vorbeugenden Behandlung interessiert. Das Ergebnis des Bohrens und Füllens eines erkrankten Zahnes, die Plombe, ist einerseits materiell, das wiederhergestellte Wohlbefinden des Patienten andererseits immateriell.

2.3   Der Qualitätsbegriff

Viele Unternehmen sind heute in der Lage, eine gleichbleibend hohe Qualität bei ihren materiellen Produkten zu gewährleisten. Die Einhaltung eines bestimmten Qualitätsstandards bei Dienstleistern scheint ungleich schwerer zu sein. Dienstleistungen werden aber zunehmend integraler Bestandteil von Industrieprodukten: Viele Produkte sind heute austauschbar geworden und können sich oft nur durch einen ausgezeichneten Service auf dem Markt behaupten. Deutschland als Vizeweltmeister im Export von industriellen Produkten muss Dienstleistungsangebote viel stärker integrieren und ausbauen. Deshalb ist eine Auseinandersetzung mit dem Begriff Qualität – und speziell der Servicequalität – unumgänglich.

Auf den ersten Blick scheint der Begriff Qualität leichter zu fassen zu sein als der Begriff Dienstleistung. Der Qualität wird in Deutschland traditionell ein hoher Stellenwert beigemessen. Die Bezeichnung „Made in Germany" steht auch heute noch in hohem Ansehen, und viele können sich mit dem Ausspruch von Bundespräsident Theodor Heuss: „Qualität ist etwas Anständiges", identifizieren.

Der Duden klärt die etymologische Herkunft des Wortes Qualität: Der Ursprung liegt im Lateinischen qualis (= wie beschaffen), dessen Substantiv lautet: *„qualitas: Beschaffenheit, Verhältnis, Eigenschaft".*

Die DIN EN ISO 8402 von 1995 definierte Qualität in diesem Sinne als: *die Gesamtheit von Merkmalen einer Einheit* bezüglich ihrer Eignung, festgelegte und vorausgesetzte Erfordernisse zu erfüllen.*

Diese Definition lässt sich durch ihre umfassende Darstellung auf materielle Industriegüter genauso anwenden wie auf Dienstleistungen.

2.4 Qualitätsmodelle für Dienstleistungen

Die vorgestellten Definitionen und Beschreibungen des Begriffes Qualität sind allgemeingültig. Um Verbesserungen und Neuplanungen von Dienstleistungen durchführen zu können, müssen jedoch angepasste Qualitätsmodelle gefunden werden, die Hinweise auf zu ergreifende Maßnahmen geben und dabei die Spezifika der Dienstleistungen berücksichtigen.

2.4.1 Das Gap-Modell der Dienstleistungsqualität

Das Gap-Modell der Dienstleistungsqualität ist ein Modell, das die Dienstleistung im Kontakt zwischen Kunde und Dienstleister betrachtet. Seine Besonderheit ist die genaue Darstellung der Lücken [*im Folgenden wird der englische Begriff „gap", also „Lücke", verwendet, da er sich wie in der Darstellung von Zeithaml et al. auch in der deutschsprachigen Dienstleistungsliteratur durchgesetzt hat*] in der Kommunikation sowohl zwischen den innerbetrieblichen Bereichen als auch zwischen Unternehmen und Kunde.

---

* eine Einheit kann sowohl ein Produkt, eine Tätigkeit, ein Prozess wie auch eine Organisation sein.

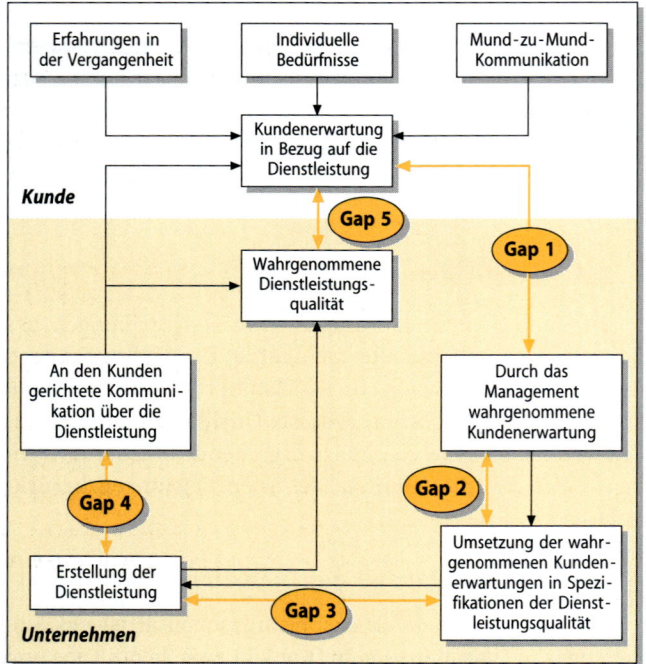

Bild 4: *Das Gap-Modell der Dienstleistungsqualität*

(Quelle: Zeithaml, Parasuraman, Berry 1992)

Folgende Lücken werden abgedeckt:

Gap 1:

Lücke zwischen den Kundenerwartungen und deren Wahrnehmung durch das Management. Hier wird deutlich, dass bereits in der Erfassung der Kundenwünsche Schwierigkeiten bestehen.

Gap 2:
Lücke zwischen den Wahrnehmungen der Kundenerwartungen durch das Management und der Spezifikation der Dienstleistungsqualität. Dieser Gap zeigt, dass auch die Übertragung der erfassten Kundenwünsche in die unternehmensinternen Vorgaben für die Ausführung der Dienstleistung Probleme bereiten kann.

Gap 3:
Lücke zwischen den Spezifikationen der Dienstleistungsqualität und der tatsächlich erstellten Leistung. Als Ursache für eine ungenügende Dienstleistung wird das Unvermögen der Mitarbeiter, eine korrekte Leistung zu erbringen, gesehen.

Gap 4:
Lücke zwischen erstellter Dienstleistung und der an den Kunden gerichteten Kommunikation über diese Dienstleistung. Dieser Gap zeigt, dass dem Kunden oft mehr versprochen wird, als das Unternehmen zu leisten in der Lage ist. Ein Umstand, der die Dienstleistungsqualität negativ beeinflusst.

Gap 5:
Lücke zwischen den Erwartungen des Kunden an eine Dienstleistung und seiner Wahrnehmung der gelieferten Dienstleistung. Dieser Gap ist letztlich das Resultat der vorigen Gaps und macht deutlich, worauf es bei Dienstleistungen ankommt: *„Der Kunde bestimmt, was Qualität ist."*

Gap 5 stellt die entscheidende Lücke dar. Sie ist ein Maß für die vom Kunden wahrgenommene Dienstleistungsqualität, nämlich die Differenz zwischen seinen Erwartungen und seinen Erlebnissen [*vgl. Zeithaml 92*]. Das drückt die Subjektivität des Qualitätsbegriffs bei Dienstleistungen aus. So wie die Leistung an sich sehr individuell sein kann, da der Kunde an ihrer Erbringung beteiligt ist, ist auch das

Qualitätsverständnis sehr individuell. Man könnte auch sagen: *„Dienstleistungsqualität ist das, was der Kunde dafür hält."* Mit dieser subjektiven Sichtweise kann Dienstleistungsqualität auch mit Kundenzufriedenheit gleichgesetzt werden.

Das Gap-Modell kann als Orientierungshilfe für die gezielte Analyse und die folgende Beseitigung inner- und überbetrieblicher Schwachstellen anhand der aufgezeigten Lücken dienen.

 Allzu leicht beschränken sich die verschiedenen Abteilungen und Hierarchieebenen eines Unternehmens darauf, in nur einem der Gaps die Ursache für Qualitätsprobleme zu sehen: Das Management hält oft Gap 3 für ausschlaggebend, da die Mitarbeiter nicht in der Lage sind, die – vermeintlich – guten Vorgaben zu erfüllen. Für die Mitarbeiter, die direkt an der Leistungserstellung beteiligt sind, liegen Probleme oft in Gap 4, da die Vertriebsmitarbeiter oder die Werbeabteilung den Kunden Dinge verspricht, die nicht zu leisten sind.

 Wird das Gap-Modell zur Ursachenforschung bei Problemen verwendet, müssen die Ursachen „upstream" gesucht werden. Die offensichtliche Ursache ist nicht immer die tatsächliche.

2.4.2 Weitere Qualitätsansätze

Abhängig vom Blickwinkel, unter dem Qualität betrachtet wird, gibt es weitere Ansätze, Qualität zu definieren. Auf diesem Gebiet wurde jahrelang interdisziplinär geforscht. Die Ergebnisse lassen sich in fünf Gruppen einteilen, die sich in ihrem jeweiligen Ansatz unterscheiden [*Garvin 88*]:

▶ der **transzendente Ansatz:**
Die philosophische Seite des Qualitätsbegriffes wird hier zugrunde gelegt. Jeder Mensch erkennt Qualität, sie ist absolut und offensichtlich. Sie kann nicht analysiert werden, sondern zeichnet sich durch höchste Ansprüche und Leistungen aus.

• Die Qualität einer Oper Mozarts lässt sich nur schwer beschreiben oder fassen. Dennoch verspricht der Name Mozart den meisten Menschen einen hohen Wert.

▶ der **produktorientierte Ansatz:**
Die praxisnah geprägte Sichtweise macht es möglich, für jedes Produkt präzise und exakt messbare Qualitätsmerkmale zu definieren, die nicht nur einer subjektiven Beurteilung unterliegen.

• Die Qualität einer Waschmaschine ist messbar; durch Überprüfung von Größe, erreichbaren Waschtemperaturen, Dauer der Wäsche u. v. m. kann festgestellt werden, ob die Maschine festgelegten Anforderungen entspricht.

▶ der **anwenderbezogene Ansatz:**
Dieser Ansatz wird den speziellen Bedürfnissen des Kunden gerecht. Qualität ist das, was der Kunde dafür hält [*nach Amsden 91*].

• Ein Kunde, der großen Hunger verspürt, wird ein rustikales Mittagessen einer kleinen Speise à la „nouvelle cuisine" vorziehen.

▶ der **prozessbezogene Ansatz:**
Ihm liegt das ingenieur- und produktionsgeprägte Denken zugrunde. Die Abläufe bei der Erstellung einer Arbeit sind festgelegt, und die vorgegebenen Standards werden durch Einhaltung von Spezifikationen und Regeln erreicht.

- Die Normen-Familie DIN EN ISO 9000 ff. kann als Ergebnis dieses Ansatzes betrachtet werden. Sie definiert Standards, die von Mitarbeitern und Lieferanten eingehalten werden sollen.

▶ der **wertorientierte Ansatz:**
Diese Sichtweise wird durch das Preis-Leistungs-Verhältnis geprägt. Dies ist ein sehr praxisorientierter Ansatz, da eine Kaufentscheidung oft auf dieser Grundlage getroffen wird.

- Kunden wägen beim Kauf von Produkten und Dienstleistungen nicht nur ab, welches Angebot am besten ihren Wünschen entspricht, sondern auch, ob das Angebot eine angemessene Relation zum Preis hat. Der große Erfolg von den oft günstigeren Eigenmarken großer Supermarktketten ist so zu erklären.

2.5 Dienstleistung und TQM

Die hohe Bedeutung des Themas Qualität für den Dienstleistungsbereich ist unbestritten. Werden dem Kunden Leistungen angeboten, die wegen ihrer Besonderheiten nicht nachgearbeitet werden können, ist die Prämisse „mach's gleich richtig" geradezu überlebenswichtig. Wie aber kann das Bemühen um Dienstleistungsqualität in einen größeren, strategischen Zusammenhang eingebunden werden? Total Quality Management (TQM) kann diesen Zusammenhang darstellen. TQM steht für die umfassende Qualitätsorientierung des gesamten Unternehmens [*Kamiske 99*]. Die International Standards Organization (ISO) definiert TQM als *„auf der Mitwirkung aller ihrer Mitglieder basierende Führungsmethode einer Organisation, die Qualität in den Mittelpunkt stellt und durch Zufriedenstellen der Kunden auf lang-*

fristigen Geschäftserfolg sowie auf Nutzen für die Mitglieder der Organisation und für die Gesellschaft zielt" [DIN EN ISO 8402].

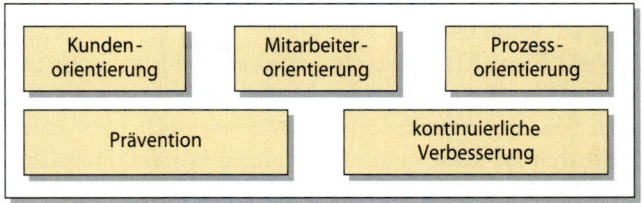

Bild 5: *Total Quality Management (siehe auch Pocket Power TQM)*

Weiterhin wird TQM durch konsequentes präventives Verhalten und kontinuierliche Verbesserung geprägt, so dass sich die wesentlichen Elemente von TQM wie in Bild 5 darstellen lassen.

Schon aus den Besonderheiten von Dienstleistungen wird deutlich, dass die Elemente von TQM eine große Bedeutung für den Dienstleistungsbereich haben.

An herausragender Stelle steht hier die **Kundenorientierung.** Dienstleistungen sind individuelle Güter, die zur Lösung von Kundenproblemen dienen. Eine Orientierung an den Bedürfnissen des Kunden ist somit von vornherein unerlässlich. Die Kundenorientierung reicht sogar bis in die Beurteilung der Dienstleistungsqualität: Wie im Gap-Modell gezeigt, ist sie als Differenz der Erwartungen des Kunden und seinem Erleben zu sehen.

Die **Mitarbeiterorientierung** hat ihren hohen Stellenwert, weil Dienstleistungen sehr oft in direktem, persönlichem Kontakt zwischen dem Kunden und den Mitarbeitern des Dienstleisters stattfinden. Für den Kunden ist oft ein einzelner Mitarbeiter „das Unternehmen". Dieser Mitarbeiter repräsentiert dem Kunden gegenüber das Unternehmen. Folglich sollte es Ziel eines Dienstleisters sein, die Mitarbeiter für diese Aufgabe zu befähigen und sich um ihre aktive Mitwirkung zu bemühen.

Viele Dienstleistungen sind von vergänglicher Natur; sie werden im Augenblick ihrer Entstehung konsumiert. Die Dienstleistung besteht in diesem Sinne nicht aus einem greifbaren Produkt, sondern aus einem Prozess. **Prozessorientierung** ist insofern bereits durch dieses Charakteristikum der Dienstleistungen gegeben. Die Prozessorientierung verleiht weiterhin der Ansicht Ausdruck, dass Produkte hoher Qualität nicht durch Endprüfungen und Aussortieren allein erreicht werden können, vielmehr müssen die Prozesse dazu befähigt werden, die an sie gestellten Anforderungen zu erfüllen.

Für Dienstleistungen gilt das Element **Prävention** in besonderem Maße, da wegen der Gleichzeitigkeit von Produktion und Konsum ein Aussortieren fehlerhafter Leistungen nicht möglich ist und nur die Forderung „mach's gleich richtig" gelten kann.

Auch auf Dienstleistungen muss das Prinzip der **kontinuierlichen Verbesserung** angewendet werden. Als Modell hierfür kann der Demingkreis herangezogen werden (siehe Bild 6).

Prinzip der kontinuierlichen Verbesserung ist das *immer wiederkehrende* Durchlaufen der vier Phasen des Kreises. Der Planung und Umsetzung folgen die Ermittlung der Zielerreichung und eine kritische Reflexion. Darauf aufbauend können Verbesserungsmaßnahmen ergriffen werden. Danach beginnt der Zyklus von neuem mit der Planungsphase.

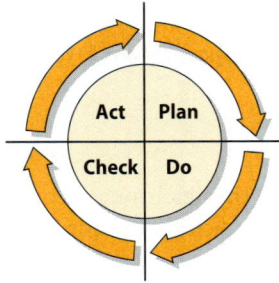

Bild 6: *Der Demingkreis*

Für Dienstleistungen ist die ständige Verbesserung von großem Interesse, da Leistungen, mit denen der Kunde zufrieden ist und die für ihn kontinuierlich verbessert werden, zu einer erhöhten Kundenbindung führen werden. Dies wiederum hat einen hohen Einfluss auf die wirtschaftliche Lage des Unternehmens. Erfahrungsgemäß muss für die Neuwerbung von Kunden und die ersten Jahre der Geschäftsbeziehung relativ viel aufgewandt werden. Der Wert des Kunden für das Unternehmen steigt erst allmählich. Eine Abwanderung nach längerer Geschäftsbeziehung ist außerordentlich schmerzlich und es hat sich gezeigt, dass bereits 5 % weniger abwandernde Kunden die Gewinnsituation des Unternehmens um bis zu 85 % beeinflussen können [*vgl. Reichheld 91*]. Es muss also Ziel eines jeden Dienstleisters sein, ständig besser zu werden, um Kunden langfristig zu binden [*vgl. Heskett 97*].

3 Die Sieben Qualitätstechniken für den Dienstleistungsbereich D7

3.1 Einsatzmöglichkeiten der D7

Die vorgestellten Dienstleistungstechniken sind Werkzeuge und Methoden, die sich speziell für die besonderen Bedingungen eignen, unter denen Dienstleistungen erbracht werden. Sie werden in besonderem Maße den Anforderungen des Servicebetriebes gerecht. In den letzten Jahren sind viele Techniken entwickelt worden, die die Lösung spezieller Probleme unterstützen. Sie helfen beim Ermitteln von Kundenwünschen bzw. -erwartungen, in der Dienstleistungsentwicklung, bei der Fehlervermeidung und -analyse, unterstützen die Identifikation von Kundenwünschen, ermöglichen die Qualitätsmessung und tragen zur kontinuierlichen Verbesserung bei.

Bild 7: *Aufgaben des Dienstleistungsmanagements*

Die Mehrzahl der vorgestellten Techniken entfaltet die volle Wirkung erst bei Anwendung in der Gruppe. Hier kommen kreative Prozesse besser in Gang, und die Vielzahl von Meinungen und Ideen führt zu einem größeren Lösungsspektrum als in der Einzelarbeit. Dass Dienstleistungen den Kunden in die Erbringung einbeziehen, er oft sogar aktiv beteiligt ist, schlägt sich auch in der Handhabung der Techniken nieder. Viele der Techniken werden so nicht nur in einer innerbetrieblichen Gruppe angewendet, sondern beziehen den Kunden ein und nutzen seinen Beitrag zur Problemlösung. So wird Kundenorientierung wirklich in die Praxis umgesetzt, denn der Kunde steht im Mittelpunkt des Strebens nach Dienstleistungsqualität.

3.2 Welche Probleme lassen sich mit den D7 lösen?

Zur Beantwortung dieser Frage soll zunächst das Spektrum der im Dienstleistungsbereich auftretenden Aufgaben aufgezeigt werden (Bild 7).

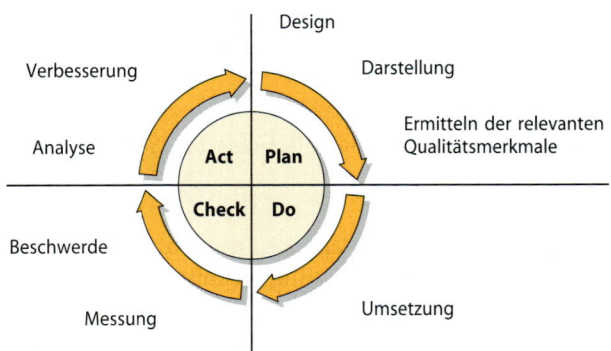

Bild 8: *Demingkreis für Dienstleistungen*

Dies ist nur ein Ausschnitt aller möglichen Aufgaben, stellt jedoch eine sehr praxisnahe Sammlung dar. Das wird deutlicher, wenn man sich die gezeigten Aufgaben entlang der Erbringung einer Dienstleistung vorstellt, wie das in Bild 9 dargestellt ist. Viele der im Dienstleistungsbereich täglich zu bewältigenden Aufgaben lassen sich hier zuordnen.

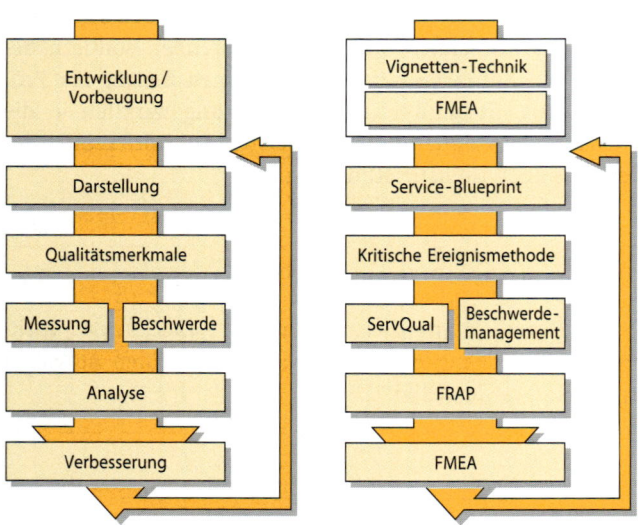

Bild 9: *Aufgaben und zugehörige Techniken bei der Dienstleistungserbringung*

Ausgehend von diesen Aufgaben wurden aus der Vielzahl zur Verfügung stehender Lösungstechniken die D7 zusammengestellt. Mit der Darstellung in Bild 9 wird deutlich, dass die Problemfelder voneinander abhängen, sich möglicherweise im Sinne einer Kettenreaktion bedingen. Ein ähnlicher

Zusammenhang wirkt auch bei den Techniken. So erreichen einige der Techniken erst ihre volle Wirksamkeit, wenn sie nicht isoliert, sondern in Verbindung mit anderen Techniken eingesetzt werden.

Die D7

Zur Design-Entwicklung: Vignetten-Technik
Zur Prozessdarstellung: Service-Blueprinting
Zur Ermittlung der Qualitätsmerkmale: Kundenbefragung (SEM/CIT)
Zur Messung: Qualitätsmessung mit Hilfe von Rating-Skalen (ServQual/ServPerf/ServAs)
Zur Handhabung von Beschwerden: Beschwerdemanagement
Zur Analyse: Bewertung auf der Grundlage von Felddaten (FRAP/ServImPerf/PRF)
Zur Prävention und Verbesserung: Service-FMEA

Bild 10: *Die 7 Qualitätstechniken für den Dienstleistungsbereich D7*

 Entscheidend für die Anwendung der D7 ist ihre Kombination. Sie sind für einzelne, isolierte Probleme gut und sehr gut geeignet, entfalten ihre ganze Wirksamkeit aber erst im Zusammenspiel.
Die herbeigeführten Lösungen sollten an den Bedürfnissen der Kunden orientiert sein. Der Kunde bestimmt, was er für Qualität hält. Sein Urteil zählt!

 Zur Beseitigung von Qualitätsproblemen gilt (leider noch immer) für viele Industrieunternehmen die Verstärkung der Kontrollen als Mittel der Wahl. Dies ist bei Dienstleistungen nicht möglich, da Produktion und

Konsum in der Regel gleichzeitig erfolgen (Uno-actu-Prinzip). Da aus diesem Grund auch keine oder nur bedingt Nachbesserungen möglich sind, muss für Dienstleistungen das Ziel gelten: *Prävention durch robuste Prozesse!*

3.3 Auswahl der Techniken

Die D7 orientieren sich prinzipiell an den in Bild 7 und Bild 9 gezeigten Aufgaben des Qualitätsmanagements von Dienstleistungen. Die jeweilige Technik steht jedoch einerseits wie angemerkt nicht für sich allein, und deckt andererseits nicht ausschließlich ein einziges Problemfeld ab. Es ist daher sinnvoll, bei der Auswahl der jeweiligen Technik für ein konkretes Problem zu bedenken, ob mit einer Technik ggf. mehr als nur ein Aufgabenbereich abgedeckt wird. Um die Auswahl der Techniken in diesem Sinne zu erleichtern, ist in Bild 11 eine Auswahlmatrix dargestellt.

In dieser Matrix wird deutlich, wie eng die Techniken miteinander zusammenhängen und wie viele Überschneidungen es gibt. Dies ist nicht verwunderlich, da die Problemfelder eng beieinander liegen und sich teilweise bedingen. So ist bspw. die Messung der Dienstleistungsqualität von der Kenntnis der für den Kunden bedeutsamen Qualitätsmerkmale abhängig.

Vor der Vignetten-Technik sollte noch ein *Quality Function Deployment* (QFD) mit dem *House of Quality* angewendet werden. Das ist eine der Techniken, die im *Pocket Power Qualitätstechniken* ausführlich beschrieben werden. Sie dient der strukturierten Erfassung und Weiterverarbeitung von Kundenanforderungen.

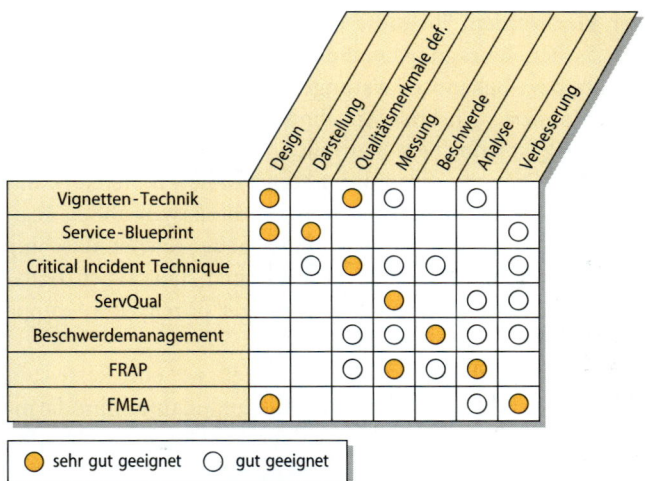

	Design	Darstellung	Qualitätsmerkmale def.	Messung	Beschwerde	Analyse	Verbesserung
Vignetten-Technik	●		●	○		○	
Service-Blueprint	●	●					○
Critical Incident Technique		○	●	○	○		○
ServQual				●		○	○
Beschwerdemanagement			○	○	●	○	○
FRAP			○	●	○	●	
FMEA	●					○	●

● sehr gut geeignet ○ gut geeignet

Bild 11: *Auswahlmatrix für die Qualitätstechniken im Dienstleistungsbereich*

Die Auswahl der Techniken muss folglich ihren Zusammenhang berücksichtigen. In der Beschreibung der einzelnen Techniken wird daher auf ergänzend oder unterstützend anzuwendende weitere Techniken verwiesen, so dass dem Anwender ein größeres Spektrum an Lösungsmöglichkeiten angeboten wird.

3.4 Vignetten-Technik

WORUM GEHT ES?

Jeder Serviceanbieter, der eine innovative Dienstleistung entwickelt bzw. eine neue Variante einführen will, muss sich über die Wünsche und Bedürfnisse seiner potenziellen Kunden klar werden. Für diese Problemstellung eignen sich die klassischen Befragungsmethoden kaum, da sie auf bereits erlebte bzw. bekannte Leistungen abzielen. Sie ermöglichen dem Kunden, sich über Angebote zu äußern, die er kennt. Schwierig ist jedoch die Beurteilung von fiktiven Leistungen.

In der Sachgüterproduktion kann diese Problematik mit Hilfe von Prototypen gelöst werden, die ausgewählten Testkunden präsentiert werden: Eine neue Küchenmaschine kann durch eine Auswahl von typischen Hausfrauen/Hausmännern, ein neuer Schokoladenriegel durch eine Gruppe von Kindern beurteilt werden.

Wer kann sich schon genau vorstellen, wie eine Reise zum Mond aussehen sollte oder wie eine ambulante Blinddarmoperation, vielleicht sogar in der eigenen Wohnung, ablaufen könnte, damit der Kunde sie akzeptiert?

Im Servicebereich sind Prototypen nur schwer zu realisieren und/oder sehr teuer. Letztlich müsste auch das Umfeld prototypisch aufgebaut werden.

In Sonderfällen wird das auch getan, bspw. bei Luftfahrtgesellschaften, wo eine naturgetreue Kabine aufgebaut wird, in der Testpassagieren neuartige Angebote im Bordservice präsentiert werden.

Um diesen hohen Aufwand zu vermeiden, wurde für Dienstleistungen eine Technik entwickelt, die es erlaubt, Qualitätsurteile vom Kunden über Dienstleistungen einzuholen, die noch gar nicht auf dem Markt angeboten werden: die Vignetten-Technik [*vgl. Rossi 82; auch Govers 92*].

Der Grundgedanke dieser 1982 entwickelten Technik besteht darin, systematisch aufgebaute Szenarien der neuen Dienstleistung zu schaffen. Diese Szenarien werden Vignetten genannt. Sie werden einer ausgewählten Fokusgruppe, in der Regel während eines Interviews, vorgelegt. Die Befragten sind auf diese Weise in der Lage, sich die Situation genau vorzustellen, können sich so über noch nicht persönlich erlebte oder noch nicht existierende Zusammenhänge ein Bild machen, um anschließend ein Qualitätsurteil abzugeben [*vgl. Dijkstra 91*].

WAS BRINGT ES?

Die Existenz jedes Dienstleisters wird von der Zufriedenheit seiner Kunden bestimmt, die entscheidend von der Übereinstimmung der erlebten Leistung mit den Kundenwünschen geprägt ist. Besonders Dienstleister mit innovativen Serviceangeboten oder Abwandlungen von vorhandenen sind darauf angewiesen, dass ihr neues Produkt genau die Anforderungen des angepeilten Kundenkreises erfüllt: Die Serviceidee muss in den entsprechenden Rahmen eingepasst werden, damit Anlaufschwierigkeiten gemindert werden.

Um diesen Anforderungen gerecht zu werden, muss der Dienstleister wissen, welches die wichtigsten Anforderungen der Kunden an die neue Dienstleistung sind. In diesem Zusammenhang muss besonders beachtet werden, dass das Qualitätsurteil der Kunden meist nur auf einer geringen Anzahl von Kriterien beruht, die darüber hinaus von Kunde zu Kunde unterschiedlich sein können.

Der Kunde betrachtet zwar einen sehr komplexen Dienstleistungsablauf, der in den verschiedensten Merkmalen variieren kann. Allerdings wird er fast immer ein positives Urteil fällen, wenn die wenigen *für ihn* wichtigen und bestimmenden Faktoren seinen Wünschen entsprechen.

Die Bestimmung der ausschlaggebenden Qualitätsmerkmale einer neuen Dienstleistung sollte sehr sorgfältig vorbereitet und umgesetzt werden. Es wäre verhängnisvoll, einen zukünftigen Service auf der Grundlage unwichtiger Faktoren zu entwickeln, die kaum Einfluss auf das Qualitätsurteil des Kunden haben.

Die Ermittlung möglicher Qualitätsmerkmale kann durch die Orientierung an den fünf Qualitätsdimensionen des *ServQual* (siehe Seite 68 ff.) unterstützt werden.

Neben der Ermittlung qualitätsrelevanter Kriterien in einer Voruntersuchung, d. h. einer Befragung potenzieller Kunden, können die im *Pocket Power Kreativitätstechniken* vorgestellten Werkzeuge (K7) eingesetzt werden. Dies kann zu neuen, erstaunlichen Möglichkeiten und Varianten führen.

So schlagkräftig die Technik auch erscheint, beachtet werden muss auf jeden Fall, dass die einzelnen Schritte sorgfältig abzuarbeiten sind. Wenn bereits die Auswahl der Qualitätsmerkmale nicht optimal getroffen wurde, wird das Ergebnis der Folgeschritte nicht den gewünschten Erfolg bringen.

WIE GEHE ICH VOR?

Geistesblitz

Den Grundgedanken der neuen Dienstleistung fixieren. Zur Gewinnung neuer Ideen können Kreativitätstechniken wie Brainstorming oder Methode-635 (siehe *Pocket Power Kreativitätstechniken*) eingesetzt werden.

Festlegen der Zielgruppe

Durchführen der Vorbefragung

Die Vorbefragung wird durchgeführt, um herauszufinden, welche Eigenschaften der neuen Dienstleistung dem Kunden wichtig sind. Auch eine Gewichtung dieser Eigenschaften wird zu diesem Zeitpunkt abgefragt. Die Befragung wird in Interviews durchgeführt, die offen und frei gestaltet sein sollten, um ein optimales Ergebnis zu erzielen. Innerhalb der Befragungen sollte durch den Fragenden auch abgeschätzt werden, ob der potenzielle Kundenkreis gut ausgewählt wurde und die Grundidee eine reale Marktchance besitzt.

 Ergebnis der Vorbefragung soll ein Katalog *für den Kunden* wichtiger Merkmale der neuen Dienstleistung sein. Die Befragung muss daher offen erfolgen. Mit einer Auswahl von Merkmalen, die vom Unternehmen vorgegeben sind, werden keine optimalen Ergebnisse erzielt.

 Gerade bei besonders innovativen Dienstleistungsideen kann es für Kunden schwierig sein, zu bestimmen, was ihnen wichtig wäre, da sie die neue Leistung nicht kennen. In einem solchen Fall kann es sinnvoll sein, auf Expertenbefragungen bspw. mit der Delphi-Methode zurückzugreifen.

Ausarbeiten und Bewerten der Umfrageergebnisse und Bestimmen der kritischen Qualitätsmerkmale

Aus der Vielzahl der gefundenen Eigenschaften müssen nun die herausgefiltert werden, die von den Kunden für besonders wichtig gehalten werden: die *kritischen Qualitätsmerkmale*. Diese können im einfachsten Fall durch eine Rangordnung aller gefundenen Merkmale ermittelt werden. Kriterium für die Reihenfolge können dabei sowohl die von den Kunden genannten Gewichtungen als auch die Anzahl der Nennungen für das einzelne Merkmal sein.

Ergebnis dieses Schritts soll eine Zusammenstellung von idealerweise nicht mehr als 5 Merkmalen sein, die von den Kunden für kritisch gehalten werden.

 Da die neue Leistung in die Rahmenbedingungen des Unternehmens eingepasst werden muss, existiert oft kein Spielraum für eine Variation der kritischen Merkmale, es kommt nur *eine* Möglichkeit in Betracht. Es macht keinen Sinn, diese Merkmale in den nächsten Schritt zu übergeben. Anders ausgedrückt: Es sollten nur Merkmale an den nächsten Schritt übergeben werden, die überhaupt variiert werden und verschiedene Ausprägungen annehmen können.

Ausarbeiten der Ausprägungen

Nach Festlegung der kritischen Qualitätsmerkmale können anschließend durch den Dienstleister und seine Mitarbeiter im Team mögliche Ausprägungsformen ausgearbeitet werden. Dieses Vorgehen kann durch den Einsatz von Kreativitätstechniken hilfreich unterstützt werden.

Die einzelnen Variationen werden in einem Übersichtsblatt notiert, das die Form eines *morphologischen Kastens* hat, siehe Bild 12 mit dem Beispiel der Merkmale und Ausprägungen für ein neues Leistungspaket eines Girokontos.

Das obige Beispiel für ein von einer Bank speziell auf die Wünsche ihrer Kunden zu entwickelndes Leistungspaket für private Girokonten würde bei einem Austesten aller Möglichkeiten eine Anzahl von

$2^5 = 32$ Kombinationen

ergeben.

Merkmal	Ausprägung A	Ausprägung B
Kosten für Überweisungsaufträge	pro Auftrag 0,06 €	12 Aufträge kostenfrei jeder weitere 0,06 €
Übermittlung der Kontoauszüge	Zusendung wöchentlich	Abholung durch Kunden am Drucker
Telefon-Banking	kostenfrei	Grundgebühr 1,50 € monatlich
Online-Dienst über Internet	inkl. Anschlussgebühren	ohne Gebühren u. Überlassung eines Modems
Kreditkarten	eine Kreditkarte inkl.	zwei Kreditkarten für 5,- €

Bild 12: *Merkmale und Ausprägungen für das Leistungspaket eines Privatgirokontos*

Durchführen der Hauptbefragung

Erster Schritt hierfür ist die Zusammenstellung der Vignetten, d. h. aller systematisch aus dem morphologischen Kasten gewonnenen Kombinationen. Dabei wird jede mögliche Kombination auf eine Karte gebracht, die die jeweilige Vignette repräsentiert (siehe Bild 13). In dem Beispiel ergeben sich so 32 Vignetten, jede auf einer eigenen Karte.

Diese Karten werden dem Kunden nun zur Bewertung vorgelegt, wobei hierfür ein *Paarweiser Vergleich* verwendet wird. Dieser kann mit Hilfe einer Matrix durchgeführt werden. Eine mögliche Matrix ist in Bild 14 beispielhaft für einen Paarweisen Vergleich von 8 Vignetten dargestellt.

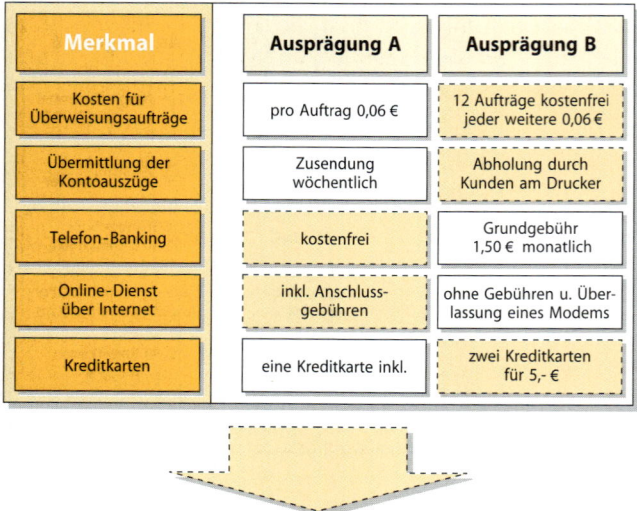

Merkmal	Ausprägung A	Ausprägung B
Kosten für Überweisungsaufträge	pro Auftrag 0,06 €	12 Aufträge kostenfrei jeder weitere 0,06 €
Übermittlung der Kontoauszüge	Zusendung wöchentlich	Abholung durch Kunden am Drucker
Telefon-Banking	kostenfrei	Grundgebühr 1,50 € monatlich
Online-Dienst über Internet	inkl. Anschluss-gebühren	ohne Gebühren u. Überlassung eines Modems
Kreditkarten	eine Kreditkarte inkl.	zwei Kreditkarten für 5,- €

Vignette Nr. 17 „Leistungspaket" für Privatgirokonto

- 12 Überweisungsaufträge kostenfrei, jeder Folgeauftrag kostet 0,06 €
- Kontoauszüge müssen durch den Kunden am Drucker abgeholt werden
- Telefon-Banking kostenfrei
- Anschlussgebühren für Online-Dienst über Internet fallen nicht an
- zwei Kreditkarten für 5,- € erhältlich

Bild 13: *Vignette für ein Privatgirokonto*

Prinzip des Paarweisen Vergleichs ist die direkte Gegenüberstellung jeweils zweier Vignetten, bis alle erfasst sind. Der Kunde hat die Aufgabe, zu beurteilen, welche der beiden jeweils gegenübergestellten Vignetten er bevorzugt; diese erhält zwei Punkte, die andere keinen Punkt, so wie in Bild 14 gezeigt. Im Falle einer Gleichwertigkeit erhalten beide Vignetten einen Punkt. Auf diese Weise werden alle Vignetten miteinander verglichen und bepunktet. Nach der Bewertung werden die Punktzahlen zeilenweise addiert. Anhand der erreichten Gesamtpunktzahl der Vignetten kann eine Rangreihenfolge erstellt werden.

	Vign. 1	Vign. 2		Vign. 7	Vign. 8	Summe	Rang
Vign. 1	–	2		2	2	12	1
Vign. 2	0	–		1	2	11	2
Vign. 3	0	0		1	0	3	7
Vign. 4	1	0		1	1	8	4
Vign. 5	0	0		1	0	1	8
Vign. 6	1	0		2	1	9	3
Vign. 7	0	1		–	0	4	6
Vign. 8	0	0		2	–	8	4

Bild 14: *Paarweiser Vergleich mit Bildung einer Rangreihenfolge*

Die Gesamtzahl der zu befragenden Kunden kann von vornherein nicht konkret angegeben werden. Aus Erwägungen einer genügend großen statistischen Aussagekraft sollte die Gesamtzahl der sich ergebenden Vignetten mindestens 25-mal vollständig bewertet werden. Dem einzelnen Befragten sollten dabei nicht mehr als acht Vignetten vorgelegt werden, da die Befragung für ihn ansonsten zu langwierig werden könnte. Das bedeutet allerdings, dass bspw. bei einer Gesamtzahl von 16 Vignetten (vier Merkmale auf zwei Ausprägungsstufen) zwei Kunden benötigt werden, um die 16 Vignetten in einem Durchlauf zu testen. Es würden in diesem Fall mindestens 50 Kunden benötigt, um zu aussagefähigen Ergebnissen zu kommen.

Mit dem Verfahren des Paarweisen Vergleichs lässt sich die Befragung auch in einer Gruppe von Kunden (Fokusgruppe, Kundenparlament) durchführen. Da die Vignetten auf einzelne Karten gebracht wurden, kann auch ohne die in Bild 14 gezeigte Matrix gearbeitet werden. Die Karten werden auf eine Pinnwand geheftet und einander gegenübergestellt. Die Bewertung kann gemeinsam in der Gruppe erfolgen. Interessant bei dieser Variante ist vor allem die Diskussion in der Kundengruppe, die weitere Aufschlüsse auf die kritischen Qualitätsmerkmale und ihre gewünschten Ausprägungen zulässt.

Auswerten des Paarweisen Vergleichs

Bei Anwendung des Paarweisen Vergleichs ergibt sich die Auswertung fast von selbst. Die Vignetten mit den hohen Punktzahlen sind die Favoriten der Kunden. Die neue Dienstleistung sollte entsprechend der Ausprägungen der „Gewinnervignette" aufgebaut werden.

VARIATIONSMÖGLICHKEITEN

Die gezeigte Variante unter Verwendung des Paarweisen Vergleichs ermöglicht die Identifikation der von den Kunden favorisierten Merkmalskombination. Dies mag für viele Fragestellungen ausreichen, es tritt jedoch auch die Frage auf, welchen Einfluss das einzelne Merkmal auf das Gesamturteil des Kunden hat. Diese Frage lässt sich beantworten, indem vergleichbar einem *Conjoint Measurement [vgl. Govers 92]* vorgegangen wird. Die Vignetten werden dabei vom Kunden anhand einer *Notenskala* bewertet. Anhand der Gesamtheit der abgegebenen Noten kann mit Hilfe statistischer Verfahren errechnet werden, welches die bevorzugte Vignette ist, darüber hinaus aber auch der Einfluss des einzelnen Merkmals auf das Kundenurteil. Die Bedeutung der Merkmale gibt damit einen exakteren Aufschluss über die Entstehung des Kundenurteils und die für die neue Dienstleistung einzustellenden Merkmalsausprägungen. Für die Anwendung dieser Variante ist allerdings ein Statistikfachmann für die Auswertung hinzuzuziehen, da es sich hierbei um komplexe statistische Zusammenhänge handelt.

Eine weitere Möglichkeit, die Vignetten-Technik durchzuführen, besteht in der Kombination des Grundgedankens (der Vignette mit ihrem Szenario) mit dem *unvollständigen Versuch* nach Taguchi. Diese Variante besticht durch den geringen Aufwand in der Anzahl der Befragungen. Auch ist es dem Laien möglich mit Hilfe der *Orthogonalen Tafeln* von Taguchi, die Vignetten zusammenzustellen und die Befragungsergebnisse gemäß der Vorschriften auszuwerten [*vgl. Phadke 89*].

Methode / Kriterium	Paarweiser Vergleich	conjoint measurement	Taguchi-Technik
Informations-gehalt	mittel (2)	hoch (3)	hoch (3)
Befragungs-aufwand	niedrig (1)	hoch (3)	niedrig (1)
Anzahl der Merkmale	niedrig (1)	niedrig (1)	hoch (3)
Auswert-aufwand	niedrig (1)	hoch (3)	hoch (3)

Legende: ●●● hoch   ●● mittel   ● niedrig

Bild 15: *Vergleich der vorgestellten Methoden*

ÜBUNGSAUFGABE

Wahrscheinlich kennt jeder die Freuden und Leiden einer unzureichend geplanten Ferienreise. Zu Beginn der Reisevorbereitungen herrscht in vielen Familien das Problem, ein weit gestreutes Angebot mit unterschiedlichsten Möglichkeiten genau auf die vorhandenen Erwartungen und Bedürfnisse auszurichten. Viele kennen den Werbespot eines Reiseunternehmens, in dem sich eine Familie zu ihren Urlaubswünschen äußert:

„[…] … Sonne … […] … Strand … […] … ich will Kühe!"

Durch den Einsatz der Vignetten-Technik kann verhindert werden, dass sich durch fehlerhafte Ausarbeitung „die schönste Zeit des Jahres" zu einem Fiasko entwickelt.

Das Auffinden der Merkmale und ihrer Ausprägungen, die für ein Gelingen entscheidend sind, kann schon die Vorfreude steigern. Dem Anbieter (Reisevermittler/Reisebüro) fällt es auch leichter, den Wünschen ihrer Kunden zu entsprechen, wenn eine Vignette mit genau formulierten Kriterien vorliegt.

 Die Qualität der Voruntersuchung hängt wie jede Markforschung von der Menge und Auswahl der befragten Personen ab. Die Auswahl sollte sorgfältig getroffen werden. Doch eine Steigerung der Anzahl von Befragten treibt den Bedarf an Zeit und Kosten für die Auswertung ungleich mehr in die Höhe, als ein weniger genaues Ergebnis dies rechtfertigen würde.

Beachtet werden sollte auf jeden Fall, dass oft nur wenige Qualitätsmerkmale ein positives oder negatives Dienstleistungserlebnis bestimmen. Genau diese wenigen wichtigen, ausschlaggebenden Kriterien müssen gefunden und in ihrer

Ausprägung getestet werden. Das bedeutet, dass eine schlecht durchgeführte Voruntersuchung, die nicht die prägenden Merkmale ermittelt, zu einem unbefriedigenden Endergebnis führt.

 Bei der Auswahl der Merkmale sollte stets beachtet werden, dass bei steigender Anzahl von Kriterien auch eine exponentiell ansteigende Zahl von Vignetten entsteht; Gleiches gilt auch für deren Ausprägungen. Die Menge der Vignetten stellt eine Potenzfunktion aus Merkmalen und Anzahl der Werte dar.

Eine Beschränkung der Ausprägungen auf zwei Möglichkeiten erweist sich als vorteilhaft, da dem Befragten die Bewertung leichter fällt als bei mehr Ausprägungen.

Findet die Befragung nicht nur in einem repräsentativen Bevölkerungsquerschnitt, sondern in der zukünftigen Zielgruppe statt, werden nicht so viele Interviews benötigt. Die Vorbefragungen zeigen erfahrungsgemäß meist schon nach ca. zehn Gesprächen eine Tendenz, die sich im Weiteren oft manifestiert. Diese Zahl sollte aber als unterste Grenze betrachtet werden, da sie den statistischen Anforderungen sonst nicht genügen kann.

Je exakter die Beschreibung des Szenarios auf der Vignette, desto besser der Eindruck des Befragten und umso besser das Ergebnis.

Um den Aufwand an Befragungen gering zu halten, sollte sich das Augenmerk nur auf die neuen Aspekte und Spezialanforderungen der Dienstleistung richten.

3.5 Service-Blueprinting

WORUM GEHT ES?

Ein *Blueprint* (aus dem Englischen: Blaupause, Abziehbild) ist ein Ablaufdiagramm einer Dienstleistung. Es stellt eine Konstruktionszeichnung für Serviceabläufe dar, das heißt, es wird ein Bild der Prozesse aufgezeichnet, die anschließend umgesetzt werden sollen. Das Erarbeiten und Aufzeichnen eines Blueprints nennt man *Blueprinting*.

Im Dienstleistungsmanagement dient das Service-Blueprinting der Visualisierung und Ablaufgestaltung der zukünftigen Dienstleistung. Die systematische Analyse der Dienstleistung steht im Mittelpunkt: Die Technik unterstützt die erfolgreiche Umsetzung von theoretischen strategischen Überlegungen auf die operative Ebene in Form von konkreten Maßnahmen.

In den frühen 80er Jahren wurden immer wieder die ungenügende Planung und Vorbereitung von neuen Dienstleistungsangeboten beklagt. Es wurden Techniken gesucht, die die Phase der Darstellung der zukünftigen Dienstleistung unterstützen. Das in zwei großen amerikanischen Banken entwickelte Service-Blueprinting wurde 1981 von G. Lynn Shostack [*vgl. Shostack 81*] vorgestellt. Seither wurde diese spezielle Form von Ablaufdiagrammen in den unterschiedlichsten Dienstleistungsbereichen mit Erfolg angewandt und weiterentwickelt [*vgl. Gummesson 92*].

WAS BRINGT ES?

Die strategische Ausrichtung einer neuen Dienstleistung auf den Markt kann erfolgreich mit der *Vignetten-Technik* (siehe Seite 31 ff.) entwickelt und festgelegt werden. Die Ergebnisse dieses Designs kennzeichnen in Stichpunkten die Kernleistung des Service.

Vergleichbar dem Vorgehen in der Sachgüterindustrie, müssen auch im Dienstleistungssektor einzelne Schritte des Qualitätskreises, der den Lebenslauf eines Produktes charakterisiert, nacheinander abgearbeitet werden: Nach dem Design (der Entwicklung) folgt die Prozessplanung und Prozessentwicklung. Deren Ergebnisse sind festgelegte, optimale Abläufe des Gesamtprozesses, die in Beschreibungen und Zeichnungen fixiert sind. Sie sind der wichtige Schritt in Richtung einer erfolgreich geplanten, analysierten und umgesetzten Dienstleistungsidee. Die Darstellungen müssen gewährleisten, dass alle Beteiligten (Mitarbeiter, Lieferanten, Kunden) begreifen können, wie der Ablauf zu verstehen ist, um sich ein genaues Bild machen zu können. Es muss daher eine Methode gefunden werden, die von allen als Kommunikationsmittel genutzt werden kann.

Für diese Aufgabe erweist sich das Service-Blueprinting als besonders geeignetes Planungsinstrument.

Wie die Mehrzahl der in diesem *Pocket Power* vorgestellten Werkzeuge kann diese Technik nur ihre volle „Schlagkraft" entwickeln, wenn sie von einer Gruppe angewendet wird, in der alle Beteiligten vertreten sind.

Jeder Bereich betrachtet einen Prozess unter seinem spezifischen Blickwinkel. Das wird oft dann klar, wenn Mitarbeiter aus unterschiedlichen Abteilungen ein und denselben Ablauf unterschiedlich sehen und beurteilen. Der Blueprint fixiert den gefundenen Konsens im Ablauf der Dienstleistungserbringung und macht ihn allen, auch denjenigen, die nicht an der Gruppenarbeit teilgenommen haben, transparent und eindeutig.

Das Service-Blueprinting ist leicht verständlich, beschränkt sich auf wenige, eindeutige Symbole und unterstützt die „Handhabung" eines Ablaufs. Es hilft den Mitarbeitern darüber hinaus, sich die Sichtweise des Kunden vor Augen zu führen.

Die Aufzeichnungen der Arbeitsabläufe zur Erbringung der Dienstleistung können so gestaltet werden, dass sie alle Details darstellen; besonders zu kennzeichnen sind dabei auch mögliche Fehler und die wichtigsten Entscheidungssituationen. Darüber hinaus werden objektive und quantifizierbare Aussagen ermöglicht (z. B. über den zeitlichen Rahmen, Bewegungsstudien, mögliche Fehlerquellen etc.).

Auf der Grundlage des Blueprints können auch Vergleiche mit den Wettbewerbern vorgenommen und Modifikationen erarbeitet werden. Dadurch kann der Service wunschgemäß auf dem Markt platziert werden: Der Erfolg hängt nicht mehr vom Zufall ab.

Doch das Service-Blueprinting unterstützt nicht nur die Entwicklung und Umsetzung *neuer* Dienstleistungen. Auch bereits *eingeführte* und *etablierte* Prozesse können überprüft werden. Damit unterstützt die Technik auch die Ausarbeitung von qualitätssichernden und -verbessernden Maßnahmen.

WIE GEHE ICH VOR?

Für die Durchführung eines Service-Blueprintings wird, da es sich um eine Visualisierungstechnik handelt, entsprechendes Arbeitsmaterial benötigt. Empfohlen wird die Durchführung in der Gruppe, wobei hier die Kartenabfragetechnik hervorragend zum Einsatz kommen kann, so dass Pinnwände, Kärtchen, Nadeln und Stifte benötigt werden.

Ein ruhiger Arbeitsraum und ein in der Anwendung der Technik und in Moderation erfahrener Mitarbeiter helfen, Startprobleme zu überwinden.

 Versuchen Sie, für die erste Service-Blueprinting-Gruppe einen versierten Moderator zu gewinnen. Sollte sich kein geeigneter Mitarbeiter zur Verfügung stellen, kann der *Pocket Power Moderationstechniken* eine hilfreiche Unterstützung bieten.
Erfahrungsgemäß lässt sich die Gruppentechnik am besten mit Visualisierungsmaterialien verwirklichen (Pinnwände, Kärtchen, Nadeln ...). Die erfolgreiche Durchführung eines Service-Blueprintings sollte aber keinesfalls am mangelnden Material scheitern. Eine glatte Wand und Haftnotizzettel haben schon oft die Realisierung eines Service-Blueprintings unterstützt.

Ablauf

Der zu bearbeitende Abschnitt der Dienstleistung sollte am Anfang genau bezeichnet werden und die Arbeitsgruppe sollte aus Mitgliedern bestehen, die an der neu zu planenden oder zu analysierenden Dienstleistung beteiligt sind. Alle Teilnehmer müssen sich jederzeit bewusst sein, dass sie trotz ihres Fachwissens und ihrer persönlichen Rolle in der Erbringung der Dienstleistung stets die *Sicht des Kunden* beachten müssen. Optimal ist die Beteiligung aktueller oder potenzieller Kunden.

 Werden Betroffene in die Erarbeitung des Blueprints einbezogen, werden sie zu Beteiligten und akzeptieren die erzielten Ergebnisse, da sie ihre eigenen sind.

Abgrenzen des Systems

Zuerst gilt es, die Systemgrenzen zu fixieren. Oft existieren schon bei der Gründung des Teams Vorgaben, die den zu bearbeitenden Prozess genau umreißen. Sollte dem nicht so sein, muss die Gruppe sich die Transaktion genau vor Augen führen, um sie gegebenenfalls in einzelne sinnvolle Episoden zu zerlegen, die getrennt abgearbeitet werden können.

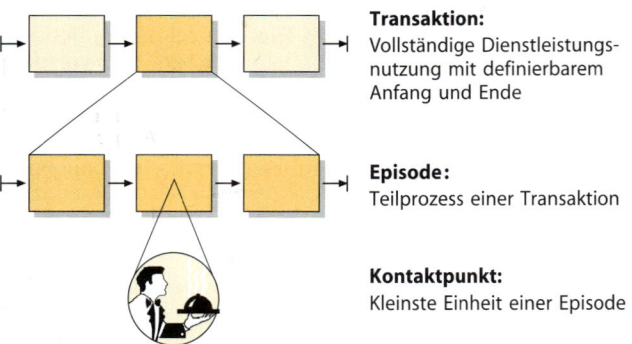

Transaktion:
Vollständige Dienstleistungsnutzung mit definierbarem Anfang und Ende

Episode:
Teilprozess einer Transaktion

Kontaktpunkt:
Kleinste Einheit einer Episode

Bild 16: *Zerlegung von Dienstleistungsprozessen*

(Quelle: in Anlehnung an Stauss 91)

Auf jeden Fall muss Klarheit über die Anfangs- und Endereignisse und alle Ein- und Ausgänge bestehen.

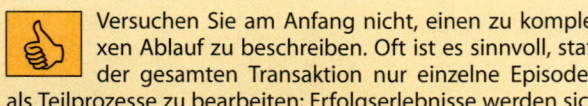

Versuchen Sie am Anfang nicht, einen zu komplexen Ablauf zu beschreiben. Oft ist es sinnvoll, statt der gesamten Transaktion nur einzelne Episoden als Teilprozesse zu bearbeiten: Erfolgserlebnisse werden sich schneller einstellen!

Aufzeichnen der Abläufe

Die Teammitglieder sollen die Dienstleistung im Geiste theoretisch vom Anfang bis zum Ende durchlaufen. Dabei wird an der Pinnwand das Ablaufdiagramm erstellt. Die Darstellung setzt sich aus einzelnen Symbolen zusammen, die im nachfolgenden Bild 17 erläutert werden.

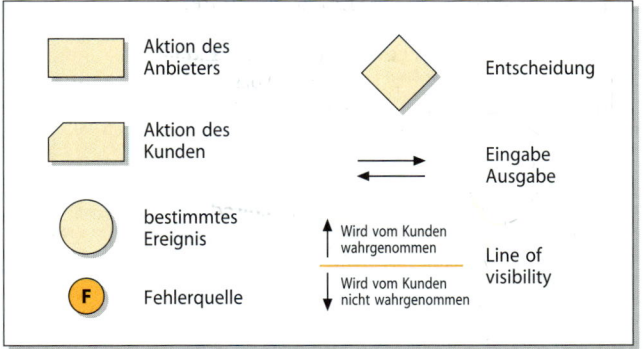

Bild 17: *Die Symbole des Service-Blueprintings*

Das Diagramm kann in seiner einfachsten Form ein Prozess sein, der aus einzelnen, nacheinander auszuführenden Tätigkeiten besteht. Von großer Bedeutung ist beim Blueprinting dabei die Unterscheidung zwischen den Aktionen des Kunden und denen des Unternehmens. Die Besonderheit von Dienstleistungen, den Kunden in den Prozess der Leistungserstellung einzubeziehen, kann dadurch im Blueprint zum Ausdruck gebracht werden (siehe Bild 18).

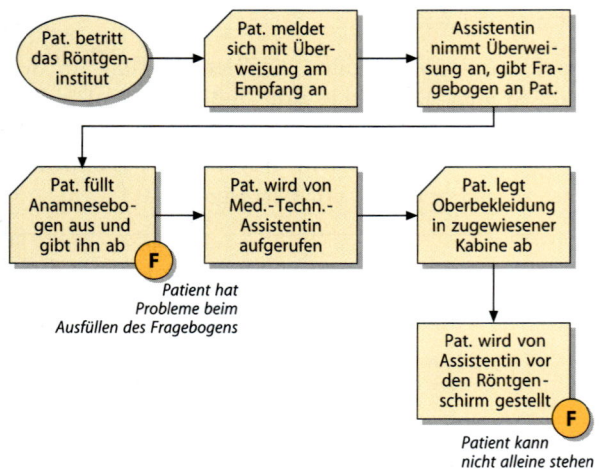

Bild 18: *Einfacher Service-Blueprint aus Sicht eines Patienten, der geröntgt wird*

Meist lassen sich Prozesse nicht so übersichtlich darstellen. Mit steigender Komplexität wird es immer schwieriger, die Übersicht über die Zuordnung der Tätigkeiten zum Anbieter bzw. Nachfrager zu bewahren. Aus diesem Grund gibt es die Möglichkeit, in einer weiterentwickelten Form des Service-Blueprintings von Jane Kingman-Brundage, die Arbeitsreihenfolge der Aktivitäten in unterschiedlichen Handlungsbereichen anzuordnen, die mit Linien voneinander getrennt sind (siehe Bild 19). Diese Linien sind:

▶ **Sichtbarkeitslinie bzw. Linie des Wahrnehmbaren:** Sie kennzeichnet den Bereich, der vom Kunden gesehen bzw. wahrgenommen werden kann. Alles, was jenseits der Linie liegt, ist für den Kunden nicht mehr nachvollziehbar.

▶ **externe Interaktionslinie:** Sie grenzt den Bereich der Aktivitäten des Kunden von denen des Dienstleisters ab.

▶ **interne Interaktionslinie:** Sie grenzt im Unternehmen die Aktivitäten unterschiedlicher Bereiche/Verantwortungen voneinander ab.

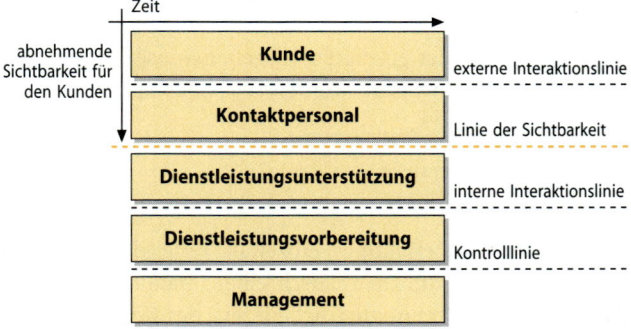

Bild 19: *Schematische Übersicht der Anordnungen in einem Service-Blueprint*

Bei Verwendung dieser Linien ist es prinzipiell nicht mehr nötig, den Aktionen von Kunde und Dienstleister unterschiedliche Symbole zuzuordnen, da die Sphäre des Kunden klar von der des Unternehmens getrennt ist (siehe Bild 20).

Suche nach Fehlerquellen

Schon bei der Erstellung des Blueprints werden oft mögliche Fehler und Probleme deutlich. Die Mitarbeiter schöpfen aus ihren Erfahrungen und können diese einbringen. Die Kunden ziehen ihre Kenntnisse aus ihren Erlebnissen, die unter anderem auch Erfahrungswerte mit Wettbewerbern sein können.

Dieses Wissen sollte sofort fixiert werden. Alle Abläufe, die die Möglichkeit beinhalten die Qualität des Prozesses zu beeinträchtigen, sollten in der Sitzung gekennzeichnet werden. Die Dokumentation kann mit Klebepunkten auf dem Blueprint vorgenommen werden (siehe Bild 20).

Durchführen ergänzender Analysen

In Ergänzung der gezeigten Vorgehensweise können auch weitere Aspekte überprüft werden [*vgl. Shostack 84*]:

- Erarbeiten eines Zeitrahmens
- Profitabilitätsanalyse
- Bewegungsstudien

Der **Zeitrahmen** erlaubt es, einzelnen Tätigkeiten oder Teilprozessen eine Zeitnorm zuzuschreiben. Dadurch kann eine Abschätzung der benötigten Arbeitszeit, der Kosten bzw. der Anzahl der benötigten Mitarbeiter vorgenommen werden. Mit diesem Mittel wird dem Anbieter auch die Möglichkeit gegeben, zeitkritische Dienstleistungen bereits vor Markteinführung auf die Kundenanforderungen zu überprüfen.

In einem Fast-Food-Restaurant ist kein Kunde bereit, längere Wartezeiten in Kauf zu nehmen. Die Marktforschung ist in der Lage festzustellen, welche Wartezeit der Kunde akzeptiert. An diesem Ergebnis muss sich ein zukünftiges Restaurant orientieren. Keinesfalls dürfen seine internen Abläufe diesen Zeitrahmen überschreiten.

Oft werden von Dienstleistern so genannte Servicegarantien ausgesprochen. Ein Blueprint unterstützt das Management, die Realisierbarkeit der Zusagen zu überprüfen.

Die **Analyse der Profitabilität** hilft dem Management eine Abschätzung vorzunehmen, ob sich das zukünftige Geschäft als gewinnbringend erweisen kann.

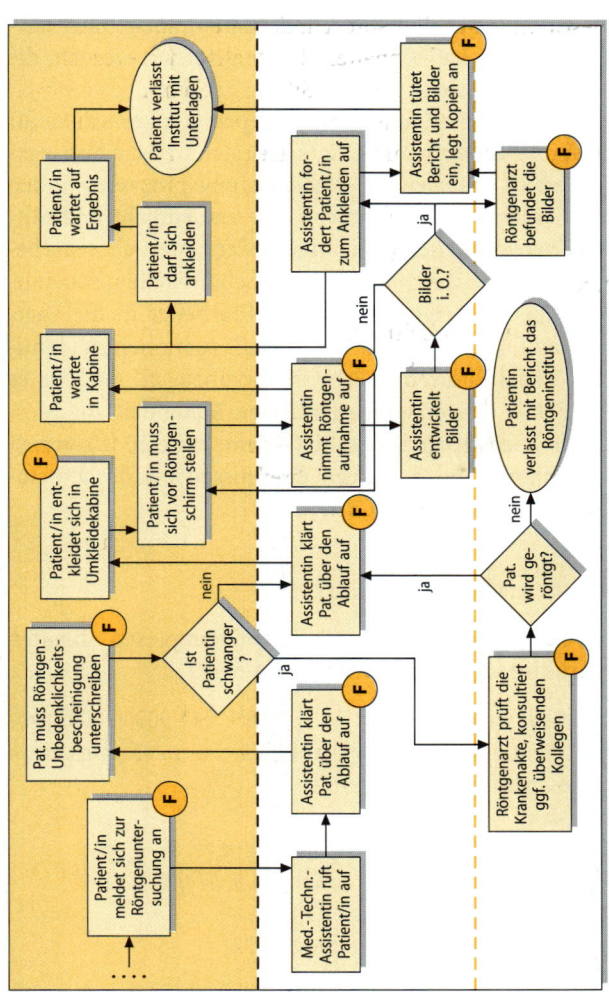

Bild 20: *Service-Blueprint für ein Röntgeninstitut*

Bewegungsstudien sollten immer dann durchgeführt werden, wenn korrekte, schnelle Abläufe gefordert werden, die sich sehr häufig wiederholen.

Allein die Anfertigung eines Blueprints kann schon für mehr Verständnis aller Beteiligten sorgen. Bei der Aufzeichnung bereits bestehender Dienstleistungsprozesse werden oft zum ersten Mal Zusammenhänge verdeutlicht und Mitarbeiter verschiedener Abteilungen oder Unternehmensebenen gewinnen wichtige Einblicke in Schnittstellenprobleme. Der Service-Blueprint versetzt die Mitarbeiter in die Lage, die für den Kunden wichtigen Schlüsselsituationen zu identifizieren und so präventiv Fehlern vorzubeugen. Auch ist es möglich, mit den ereignisorientierten Methoden zur Messung der Dienstleistungsqualität (siehe Seite 57 ff.) gezielt nach positiven und negativen Erlebnissen bei der Erbringung der Dienstleistung zu fragen.

VARIATIONSMÖGLICHKEITEN

Auf dem Gebiet der Darstellung von komplexen Abläufen und Strukturen gibt es weitere Werkzeuge:

▶ **Prozessdarstellungen** (oft in DIN EN ISO 9000:2000, prozessorientierten Qualitätshandbüchern oder auch zum Prozessmanagement benutzt),
▶ **Netzplan,**
▶ **Ereignisablaufanalyse** nach DIN 25419,
▶ **Process flow chart** [*vgl. Amsden 91, S. 51 ff.*],
▶ **Storyboarding** [*vgl. Peeters 92*],
▶ **Service mapping** [*vgl. Gummesson 92*]

und einige mehr. Hauptaufgabe dieser Techniken ist die Visualisierung von Prozessen unter Verwendung einfacher

Symbole mit dem Ziel, diese anschließend zu analysieren und zu verbessern.

ÜBUNGSAUFGABE

Oft stellt sich am Ende eines Tages heraus, dass weniger erreicht wurde, als ursprünglich geplant war, und dass vermeidbare Fehler oder ungenügende Abläufe als Störfaktoren wirkten. Eine einfache Visualisierung kann zum erfolgreichen Meistern eines vollgepackten Tagespensums dienen.

Versuchen Sie es doch einmal mit einem Einkaufsbummel, den man im Voraus plant (siehe Bild 21).

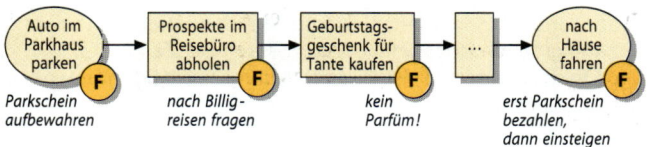

Bild 21: *Möglichkeit, einen Tagesablauf zu planen*

 Die Abläufe im Back Office-Bereich, die unterhalb der Sichtbarkeitslinie liegen, können intern ohne Teilnahme der Kunden weiterbearbeitet werden. Diese Prozesse sind dem Kunden unbekannt und können nach internen Vorgaben und Möglichkeiten gestaltet werden. Auf jeden Fall müssen sie aber so sicher gestaltet werden, dass keine Fehler entstehen können, unter denen dann der Kunde zu leiden hat, weil er diese Fehler nicht verstehen bzw. nachvollziehen kann. „… unsere Bank hat ein EDV-Problem; Sie können leider diese Woche keine Auskünfte über Ihren Kontostand erhalten …"

Der Service-Blueprint ermöglicht es neuen Mitarbeitern, sich relativ schnell und problemlos einzuarbeiten. Alle Strukturen und Schnittstellen sind klar dargelegt. Auf diese Weise geht innerhalb eines Unternehmens kein Know-how verloren.

Veröffentlichen Sie die Service-Blueprints! Am besten ist es, wenn alle Mitarbeiter das Flussdiagramm betrachten und auch kommentieren können. Firmenzeitungen oder auch schwarze Bretter sind beliebte Medien, um die Darstellungen publik zu machen. Eingehende Verbesserungsvorschläge und Hinweise sollten in zukünftigen Gruppenarbeiten auf jeden Fall berücksichtigt und umgesetzt werden.

Der Service-Blueprint stellt eine Dokumentation von komplexen Abläufen dar, die den einzelnen Mitarbeiter befähigt, reproduzierbar gleichwertige Arbeit zu leisten. Das Risiko von Fehlern und Qualitätsschwankungen wird durch die Standardisierung vermindert.

In der Vorgehensweise zur systematischen Entwicklung einer Dienstleistung kann das Service-Blueprinting erfolgreich als Planungsinstrument eingesetzt werden. Aber auch unabhängig davon ist es sinnvoll, komplexe Abläufe zur Diskussion in der Gruppe zu visualisieren. Oft muss die Erfahrung gemacht werden, dass auch seit geraumer Zeit eingeführte Prozesse schwierig darzustellen und beim Aufzeichnen oft Diskrepanzen zwischen einzelnen Abteilungen vorhanden sind. Die Schnittstellen stehen meist im Mittelpunkt der Diskussionen. Hier kann eine *Qualitätsverbesserung* oft schon allein durch die gemeinsam erarbeitete Darstellung erzielt werden.

Für zeitkritische Dienstleistungen sollten eine *Zeitachse* und auch Zeitnormen im Blueprint eingetragen werden. Dadurch ist der Anbieter befähigt abzuschätzen, ob der geplante Ablauf den Kundenanforderungen entspricht. Allerdings sollte auf jeden Fall vermieden werden, die Mitarbeiter mit exakten Zeitvorgaben in ihrer Arbeit zu knebeln.

Schwachpunkte innerhalb eines Ablaufes offenbaren sich meist schon beim Erstellen eines Service-Blueprints. Sie sollten sofort gekennzeichnet werden und mit geeigneten Techniken wie einer *Service-FMEA* (siehe Seite 100 ff.) bearbeitet werden.

Für ein erfolgreiches Service-Blueprinting muss die richtige *Gruppenzusammensetzung* besonders beachtet werden. Alle Beteiligten müssen vertreten sein. Eine sehr komplexe Service-Blueprinting-Darstellung ist für diejenigen Mitarbeiter, die nicht an der Entwicklung beteiligt waren, oft nur schwer verständlich oder nachvollziehbar.

Benutzen Sie die folgende Checkliste mit den fünf Gruppen, um keine wichtigen Akteure zu vergessen:

• Kunden,
• Mitarbeiter mit Kundenkontakt (Front Line),
• Interne Mitarbeiter ohne Kundenkontakt (Back Office),
• Führungsebene,
• Lieferanten.

Im Service-Blueprint sollten die Abläufe nur so genau wie nötig gestaltet werden. Der Prozess kann meist nicht mit allen möglichen Ausnahmen und Möglichkeiten dargestellt werden, weil sonst die Übersicht verloren ginge. Beschränken Sie sich besonders am Anfang auf konkret umrissene und einfache Abläufe; für geübte Teams darf das Flussdiagramm dann komplexer werden.

Die Gefahr eines Fehlschlags bei Einführung einer neuen Dienstleistung reduziert sich durch Anwendung des Service-Blueprintings, da potenzielle Fehler direkt benannt werden und bereits vor Markteinführung die Möglichkeit besteht, den Service zu modifizieren.

3.6 Sequentielle Ereignismethode

WORUM GEHT ES?

Das Qualitätsurteil von Kunden beruht auf ihren Erlebnissen während der Erbringung der Dienstleistung. Will das Unternehmen erfahren, welchen Qualitätseindruck der Kunde gewonnen hat, muss es folglich nach diesen Erlebnissen fragen. Mit dem Vokabular des Service-Blueprintings (siehe

Seite 44 ff.) bedeutet das konkret, dass die Ereignisse an den Kontaktpunkten zum Kunden – oberhalb der Linie des Wahrnehmbaren – hinterfragt werden müssen. Man spricht bei diesen Kontaktpunkten auch von den *Augenblicken der Wahrheit* [*vgl. Meyer 98; Stauss 91*].

Das Service-Blueprinting ermöglicht es, die Kontaktpunkte genau zu identifizieren. Es lohnt sich, die Ereignisse, die den Kunden betreffen und die er erlebt, genauer zu betrachten und sie zu analysieren [*vgl. Stauss 91*]. Die folgende Technik, die *Sequentielle Ereignismethode (= SEM),* unterstützt die qualitative Untersuchung dieser Kontakte. Sie wird zu den Werkzeugen der „Erlebnisforschung" [*vgl. Bruhn 91*] gezählt. Die Technik heißt „sequentiell", weil die Ereignisse *entlang des Prozesses* der Dienstleistungserbringung erfragt werden.

Der Kunde kennt den Blueprint jedoch nicht. Er weiß auch nicht, welche internen Prozesse der Dienstleister zu bewältigen hat. Was in den Augen des Kunden alleine zählt, sind die Augenblicke beim Zusammentreffen mit dem Serviceanbieter, die **Kontaktpunkte** [*vgl. Haller 95; Stauss 91*].

Das Ziel der SEM ist die Erfassung von Kundenerlebnissen und -eindrücken an den Kontaktpunkten. Zu diesen gehören **positive Ereignisse:**

„Immer, wenn ich in die Bank komme, lächelt mich Frau Müller so nett an. Sie weiß meinen Namen und fragt immer nach meinem Rheumaleiden. Sie ist die Einzige, die meine Konto-Nummer auswendig kennt und sich noch Zeit für eine kurze Unterhaltung nimmt ...",

wie auch **kritische Situationen** und Begebenheiten:

„Eigentlich wollte ich nur ein Auto zu diesem besonders günstigen Angebot aus der Werbung mieten, aber der Vermieter hatte trotz Reservierung den bestellten Wagen nicht vorrätig und hat mir auch einen viel höheren Preis, als telefonisch bestätigt, berechnet. Ich hatte mir ja überlegt, ob ich mich beschweren soll, aber das bringt ja nichts …"

Die mündlich durchgeführte Befragung kann sich am Blueprint orientieren. Der Interviewer stellt dem zukünftigen Kunden offene Fragen zum jeweiligen Prozessschritt (Sequenz) und begleitet ihn gedanklich durch die zeitlichen Phasen der Dienstleistung. Dieser schöpft aus seinem Erfahrungsschatz mit der Dienstleistung oder vergleichbaren Situationen.

Auf diese Weise kann ein Qualitätsurteil über die Dienstleistung in ihren einzelnen Phasen aus Kundensicht gewonnen werden. Über die Gesamtzahl der geführten Interviews lassen vielfach genannte Ereignisse auch auf die Elemente der Dienstleistung schließen, die die Kunden für besonders wichtig halten. Mit der SEM lassen sich also auch kritische Qualitätsmerkmale ermitteln.

WAS BRINGT ES?

Die SEM kann bei zwei unterschiedlichen Fragestellungen erfolgreich eingesetzt werden:

- ▶ Im Interview wird vom Kunden *im Nachhinein* ein erfahrener Service noch einmal durchlebt, und er schildert seine jeweiligen Eindrücke zu den entsprechenden Kontaktpunkten.
- ▶ Der Kunde versucht eine *neue oder modifizierte Dienstleistung* in Gedanken nachzuvollziehen. Dabei sollten vor allem die Kunden angesprochen werden, die bereits Erfahrungen mit vergleichbaren Situationen besitzen.

Die Durchführung von strukturierten Interviews mit offenen Fragen erfordert versierte Interviewer, die in der Lage sind, gemäß der jeweiligen Situation und ihrem Interviewpartner, die richtigen Fragen zu stellen. Die Fähigkeit aktiv und konzentriert zuhören zu können, ist eine unabdingbare Notwendigkeit, sonst können die gewünschten Erfolge nicht erzielt werden.

Diese Methode führt zu einer Fülle von Informationen: Zu jedem Ablaufschritt werden der wahrgenommene Prozess, besondere Ereignisse, positive wie auch negative Eindrücke erfasst. Der Dienstleister erhält ein ganzheitliches Bild davon, was an den einzelnen Kontaktpunkten geschehen kann und was für ein Eindruck beim Kunden entstehen wird bzw. entstanden ist.

Auf dieser Grundlage können Qualitätsmerkmale benannt werden, die für den Kunden entscheidend sind und die deshalb vom Dienstleister regelmäßig zu überprüfen sind. Dafür kann das im folgenden Kapitel (siehe Seite 68 ff.) vorgestellte Werkzeug *ServQual* erfolgreich eingesetzt werden.

WIE GEHE ICH VOR?

Sollten die Ergebnisse eines Service-Blueprintings (siehe Seite 44 ff.) vorliegen, so können diese direkt als Vorgaben für die Sequentielle Ereignismethode dienen.

Ansonsten müssen Schritte wie *Systemabgrenzung und Bilden von Prozessschritten entlang des zeitlichen Verlaufs der Dienstleistung* vorab bearbeitet werden.

Auf der Grundlage eines „Sequenzmodells des Dienstleistungsprozesses" [*Bruhn 91*] kann die Technik angewendet werden:

Nicht nur alle außergewöhnlichen Geschehnisse, sondern auch alle weniger sensationellen Abläufe werden erfasst und die Dienstleistung wird ganzheitlich vom Kunden wiedergegeben.

Ablauf

Auswählen der zu befragenden Kunden

Entsprechend der gewünschten Befragungsform – bestehende oder geplante Dienstleistung – müssen mit der bestehenden Dienstleistung vertraute Kunden oder potenzielle Kunden der neuen Leistung befragt werden.

Befragung der Kunden

Die Kunden werden entlang des vorgegebenen zeitlichen Verlaufs der Dienstleistung (siehe Bild 22) nach ihren Erlebnissen und den ihnen besonders aufgefallenen Ereignissen befragt. Dies können positive wie auch negative Erlebnisse sein.

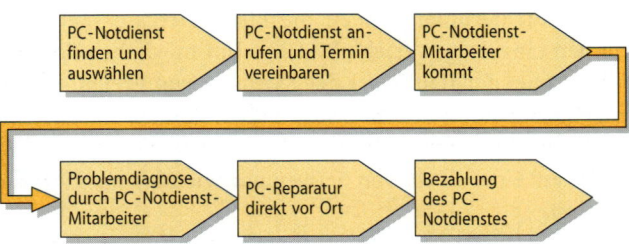

Bild 22: *Ablauf eines PC-Notdienstes*

Die Fragestellungen können dabei wie folgt aussehen, hier am Beispiel der Phase der Problemdiagnose beim PC-Notdienst: „Stellen Sie sich bitte vor, wie unser Mitarbeiter das

Problem an ihrem PC diagnostizierte! Was geschah dabei? Was fiel Ihnen dabei positiv oder negativ auf?"

Interviewauswertung

Am besten können die Befragungen in zwei Stufen ausgewertet werden: Zuerst sollten die Beschreibungen aus den Interviews den einzelnen Phasen zugeordnet werden. Anschließend werden die Einzelinformationen aller Kunden verdichtet.

Die Verdichtung der Informationen ist notwendig, weil sich viele Äußerungen der Kunden wiederholen und so in der gesamten Befragung mehrfach auftauchen. Für gleiche oder ähnliche Ereignisse können Klassen bzw. Oberbegriffe gebildet werden. Über die Gesamtzahl der Äußerungen ergeben sich Häufungen bei einzelnen Klassen, die besonders beachtet werden sollten.

Die Darstellung kann am besten in einer Grafik erfolgen. Im oberen Bereich wird der Prozessablauf aus Kundensicht dargestellt, darunter werden die klassierten Aussagen der Kunden eingetragen (siehe Bild 23). Um möglichen Schwerpunkten bei der Häufigkeit der Nennung von Ereignissen in einzelnen Klassen Rechnung zu tragen, können die Klassen im Diagramm auch mit Gewichtungen versehen werden, bspw. auf einer Skala von 1 (weniger wichtig) bis 10 (sehr wichtig).

Mit dieser Auswertung ergeben sich nicht nur die Problemfelder der Dienstleistung, sondern auch die kritischen *Qualitätsmerkmale aus Kundensicht.* Damit ist eine Basis gelegt, nicht nur ereignisorientiert zu befragen, sondern auch gezielt nach den Qualitätsmerkmalen und ihrem Erfüllungsgrad, also attributorientiert. Eine solche Befragungstechnik

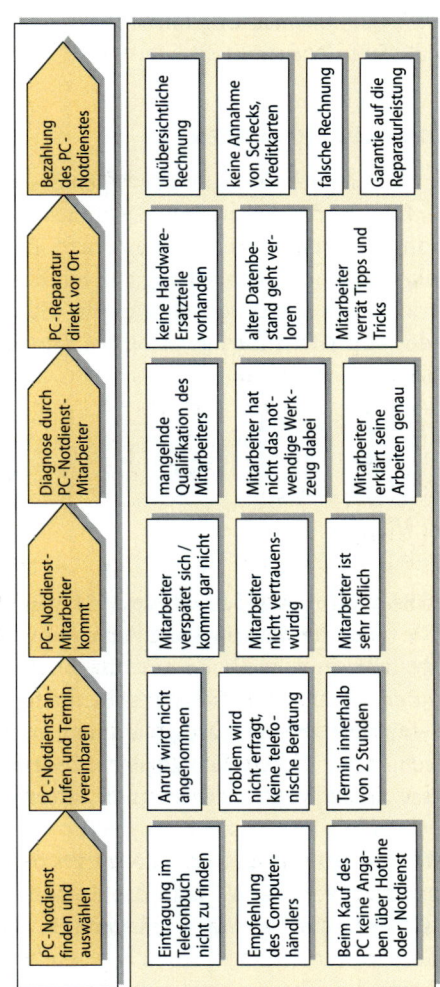

Bild 23: *SEM für einen PC-Notdienst*

ist im Kapitel „Qualitätsmessung mit Hilfe von Rating-Skalen: ServQual", Seite 72 dargestellt.

VARIATIONSMÖGLICHKEITEN

Nicht nur die SEM, die direkt auf den Ergebnissen des Service-Blueprintings aufbaut, kann zur Qualitätsbestimmung und Ermittlung der Qualitätsmerkmale dienen. Es gibt weitere Möglichkeiten, die die Erforschung von Kundenereignissen und -erlebnissen unterstützen und die Stärken und Schwächen der Dienstleistung aus Sicht des Kunden ermitteln, so z. B. die

▶ kritische Ereignismethode
   (= Critical Incident Technique = CIT),
▶ Beobachtung von Kunden,
▶ Mystery Man
   (= Silent Shopper, Testkäufer).

Die **kritische Ereignismethode** wurde 1954 von Flanagan vorgestellt. Sie dient der aktiven Ereignismessung und stellt ebenfalls eine Befragungsmethode mit offenen Fragen dar. Da sich Kunden außergewöhnliche Begebenheiten wesentlich stärker einprägen als Standardsituationen, konzentriert sich diese Technik auf die Erfassung solcher bereits erlebter Vorkommnisse. Diese werden durch einen Interviewer, der standardisierte offene Fragen stellt, provoziert:

„Stellen Sie sich bitte ein besonders positives oder negatives Erlebnis mit ... vor? ... Wo fand das Ereignis statt? ... Wie trug es sich genau zu? ... Wer war beteiligt? ... Was passierte dann? ..."

Die Kunden sollen diese Episoden, die als kritische Ereignisse bezeichnet werden, genau beschreiben. Sie helfen qualitätsrelevante Vorkommnisse zu identifizieren. Diese Technik beleuchtet allerdings im Gegensatz zur SEM nur Teile der Leistungserbringung, die zu außergewöhnlicher Zufriedenheit oder zu einem großen Ärgernis führte. Darin liegt auch ihr großer Vorteil, allerdings auch ein Nachteil:

Sie enthält *konzentrierte Informationen*, da sie sich nur auf *außergewöhnliche* Zustände bezieht. Das bedeutet aber auch, dass Beurteilungen über gewöhnliche Abläufe und Situationen nicht erfasst werden. Die CIT erweist sich deshalb für bereits eingeführte problembehaftete Prozesse als besonders geeignet. Die Ergebnisse sind Ansatzpunkte für Verbesserungsmaßnahmen und können zu baldigen Erfolgen führen.

Die **Kundenbeobachtung** kann bei Prozessen eingesetzt werden, bei denen die stattfindenden Aktionen für einen Außenstehenden beobachtbar und vor allem auch beurteilbar sind. Oft können schon aus dem Verhalten der Kunden Schlüsse auf die Qualität des Service gezogen werden. Allerdings kann diese Technik nicht grundsätzlich eingesetzt werden, da eine Beobachtung während der Leistungserstellung nicht immer möglich ist.

Der **Mystery Man** oder auch **Silent Shopper** genannte *anonyme* Testkäufer überprüft die Dienstleistung des Anbieters durch seine eigene Inanspruchnahme der Dienstleistung. Dies kann sowohl in regelmäßigen Abständen wie auch im Vergleich mit Konkurrenzunternehmen geschehen. Dadurch wird nicht nur das Aufzeigen von Veränderung über den zeitlichen Verlauf im eigenen Unternehmen möglich, sondern es kann in den direkten Vergleich mit Wettbewerbern gesetzt werden. Allerdings ist hier Vorsicht geboten: Die eigenen Mitarbeiter könnten den anonymen Testkäufer als Mittel der persönlichen Leistungsbeurteilung verstehen und die

Einwilligung des Betriebsrates ist in vielen Fällen notwendig. Mitbewerber könnten den Einsatz von Testkäufern als Spionage verstehen und entsprechend reagieren.

Restaurantführer werden mit dem Einsatz von geübten Testessern erstellt. Ohne das Wissen des Wirtes oder Kochs werden Gerichte verkostet und bewertet.

ÜBUNGSAUFGABE

Anhand alltäglicher Beispiele kann der Einstieg in die Anwendung der Dienstleistungstechniken erleichtert werden. Der Versuch, eine ereignisorientierte Methode für einen Opern-, Theater- oder Kinobesuch anzuwenden, kann dazu führen, dass der Abend ohne Pannen verläuft und die Vorstellung entspannt genossen werden kann (siehe Bild 24).

Eine kurze Reflexion kritischer Ereignisse hilft diese zu erkennen und, soweit möglich, durch frühzeitig getroffene Gegenmaßnahmen zu umgehen bzw. auszuschalten.

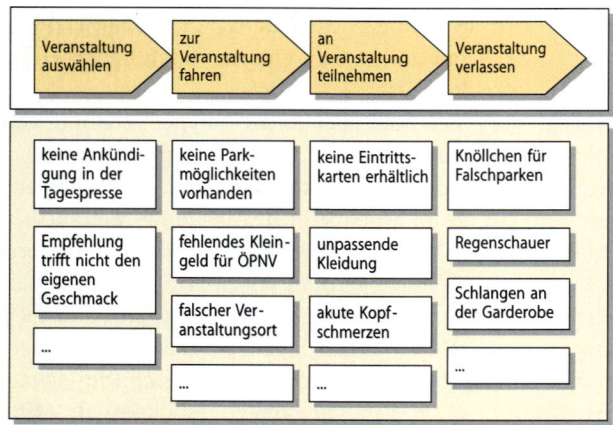

Bild 24: *SEM einer Abendveranstaltung*

Sorgen Sie für eine angemessene Umgebung, in der die Gespräche geführt werden. Eine Tasse Kaffee und eine ruhige Sitzecke können auf das Interview förderlich wirken.

Forcieren Sie die Bereitschaft Ihrer Kunden, an der Befragung teilzunehmen, durch ein Anreizsystem. Gezielt eingesetzte Aufmerksamkeiten wie Betriebsbesichtigungen oder Informationsveranstaltungen können die Suche nach Interviewpartnern unterstützen. Machen Sie Ihren Kunden aber auch klar, dass die gewonnenen Auskünfte für einen besseren zukünftigen Service sorgen.

Alle erlebnisorientierten Befragungsmethoden liefern Indikatoren, die Aussagen über die vom Kunden erlebte Dienstleistungsqualität ermöglichen und die sich anschließend auch auf Hinweise auf Qualitätsprobleme untersuchen lassen.

Der Interviewer muss versuchen, alle Ereignisse und Gefühle des Kunden zu erfassen. Am besten wird bei der Erhebung eine Tonbandaufnahme aufgezeichnet oder der Befrager notiert sich die wichtigsten Inhalte.

Ergänzend zur Befragung der Kunden können auch die Mitarbeiter befragt werden. Es ergibt sich so ein internes Bild der Dienstleistung, das auf weitere Stärken und Schwächen hinweist.

 Der Interviewer sollte den Prozessplan der Dienstleistung genau kennen, damit er den Kunden entlang der zeitlichen Phasen des Service führen kann.

Sollte die Leistungserbringung beim Dienstleister stattfinden, empfiehlt es sich, die Interviews auch dort zu führen und die Kunden ins Unternehmen einzuladen; dadurch wird ihr Vorstellungsvermögen über den Service gefördert.

Kunden, die unter Zeitdruck stehen, können auch zu Hause aufgesucht werden. Allerdings sollte auf telefonische Interviews verzichtet werden, da die nonverbalen Mitteilungen auf diese Weise nicht beobachtet und übermittelt werden können.

Die offenen Interviews benötigen einen gewissen zeitlichen Rahmen. Eine Terminvereinbarung, die ausreichend Zeit lässt, die Befragung in aller Ruhe durchzuführen, sollte auf jeden Fall getroffen werden. Eilige Kunden, die eigentlich keine Zeit haben, sind wenig konstruktiv.

Der zeitliche Aufwand für die Durchführung der ereignisorientierten Methoden sollte nicht unterschätzt werden. Vor allem die SEM und CIT sind durch die Vielzahl der Interviews und die Auswertung zeitintensiv.

Das *„Flanagan-Kriterium"* besagt, dass die Stichprobe ausreichend groß gewählt wurde, wenn hundert zusätzliche Ereignisse nur noch auf zwei oder drei neue Problembereiche hinweisen [*vgl. Flanagan 54, S. 343*]. Für Interviews mit offenen Fragen bedeutet das einen beträchtlichen Aufwand. In der Praxis konnte allerdings beobachtet werden, dass sich meistens nach ca. zwanzig Interviews das Gesamtbild nicht mehr wesentlich ändert. Auf dieser Grundlage lassen sich die wichtigsten Qualitätsmerkmale der Dienstleistung oft schon bestimmen.

3.7 Qualitätsmessung mit Hilfe von Rating-Skalen: ServQual

WORUM GEHT ES?

Die Qualität der erbrachten Dienstleistung sollte kontinuierlich ermittelt werden, um evtl. Probleme frühzeitig zu entdecken und im Sinne der ständigen Verbesserung bearbeiten zu können. Wie im Kapitel „Das Gap-Modell der Dienstleistungsqualität" gezeigt wurde, kann die Qualität von Dienstleistungen als Differenz der Erwartungen und Erlebnisse des Kunden aufgefasst werden.

Der Service soll den Anforderungen, die die Kunden an ihn stellen, auch in Zukunft nicht nur gerecht werden, sondern sie sogar noch übertreffen. Dafür sind regelmäßige „Überprüfungen" und „Feedbacks" von Seiten der Kunden notwendig. Beachtet werden muss, dass nur die Dinge überwacht und geregelt werden können, die vorher auch gemessen wurden. Deshalb muss der nächste Schritt in Richtung *TQM* das *Erfassen und Messen von Servicequalität* sein.

In dieser Phase kann die von Parasuraman, Zeithaml und Berry entwickelte Methode des *ServQual* eingesetzt werden.

ServQual ist ein Kunstwort, das aus den Worten **Ser**vice und **Qual**ity kreiert wurde. Die Technik, entwickelt auf der Grundlage der Messtechniken der empirischen Sozialforschung, wurde schon häufiger in Qualitätsuntersuchungen eingesetzt und auch weiterentwickelt [*vgl. FinServGap bei Bruhn 00*].

ServQual ist ein multiattributives Verfahren der Zufriedenheitsforschung. Die Technik erfasst ein differenziertes Bild des subjektiven Erlebens aus Kundensicht, indem der Interviewte sich zu Stärken und Schwächen der abzufragenden Punkte äußert.

Das Werkzeug baut auf den Ergebnissen des Gap-Modells (siehe Seite 17 ff.) auf. Der besondere Schwerpunkt liegt dabei auf der fünften Lücke; sie bildet die Basis für die Ergebnisse, die sich als Differenz zwischen den Erwartungen des Kunden an eine Dienstleistung einerseits und seinem Erleben bzw. seiner Wahrnehmung des gelieferten Service andererseits darstellen lassen.

„... Die Beratung durch einen Rechtsanwalt habe ich mir ganz anders vorgestellt! Nicht nur, dass der Termin zweimal abgesagt wurde, als ich zum Gespräch kam, nahm er sich nur zehn Minuten Zeit und telefonierte ständig. Und seine Gehilfin sollte einen Schnellkurs in Rechtschreibung besuchen …"

Darüber hinaus liefert das Werkzeug noch Hinweise auf die anderen vier Gaps und ihre Schwachstellen.

ServQual dient der Messung der wahrgenommenen Servicequalität, die folgendem Qualitätsansatz folgt:

**Dienstleistungsqualität =
Erfahrung – Erwartung**

Bild 25: *Qualitätsansatz von ServQual*

Die Technik wurde von Parasuraman et al. in Form eines standardisierten Fragebogens vorgestellt. Sie erhebt den Anspruch, in allen Dienstleistungsbereichen anwendbar zu sein.

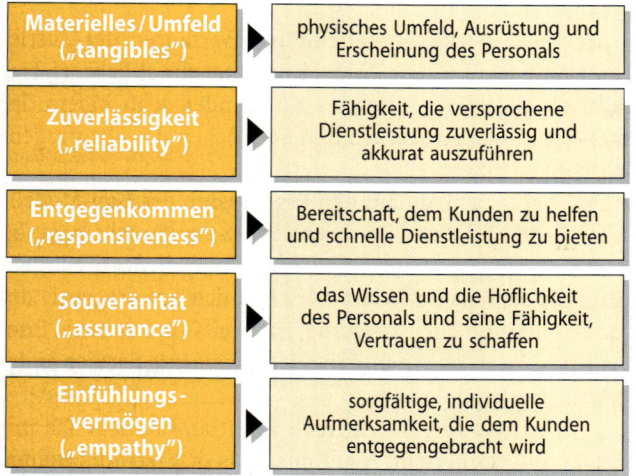

Materielles / Umfeld („tangibles")	physisches Umfeld, Ausrüstung und Erscheinung des Personals
Zuverlässigkeit („reliability")	Fähigkeit, die versprochene Dienstleistung zuverlässig und akkurat auszuführen
Entgegenkommen („responsiveness")	Bereitschaft, dem Kunden zu helfen und schnelle Dienstleistung zu bieten
Souveränität („assurance")	das Wissen und die Höflichkeit des Personals und seine Fähigkeit, Vertrauen zu schaffen
Einfühlungs-vermögen („empathy")	sorgfältige, individuelle Aufmerksamkeit, die dem Kunden entgegengebracht wird

Bild 26: *Die fünf Dimensionen der Dienstleistungsqualität nach Zeithaml et al.* [*vgl. Parasuraman 88; Haller 95*]

Ursprünglich wurden 96 Punkte in zehn Kategorien gebildet (Materielles, Zuverlässigkeit, Entgegenkommen, Kommunikation, Glaubwürdigkeit, Sicherheit, Kompetenz, Höflichkeit, Verständnis, Erreichbarkeit). Diese wurden durch Auswertung einer umfangreichen empirischen Untersuchung, auf der Grundlage von Gruppeninterviews, auf 22 Punkte in fünf Gruppen reduziert. Diese 22 Items (siehe Bild 27), die in einer Doppelskala abgefragt und anschließend ausgewertet werden, werden als ServQual bezeichnet.

WAS BRINGT ES?

Der große Vorteil von ServQual liegt in der Möglichkeit, dass der standardisierte Fragebogen so, wie er ursprünglich entwickelt wurde, direkt eingesetzt werden kann.

Durch die Verwendung der Doppelskala (jeweils eine Skala zur Bewertung: „so sollte es sein" bzw. „so ist es") wird es möglich, zwischen wichtigen und weniger wichtigen Teilaspekten der Dienstleistung zu unterscheiden. Die Auswertung gibt Hinweise auf Merkmale, deren Abweichungen besonders gravierend sind und die deshalb bevorzugt zu bearbeiten sind.

ServQual ist ein Messmittel „für alle Zwecke". Immer dann, wenn keine Auskünfte oder Werte über die Zufriedenheit der Kunden vorliegen, kann diese Technik genutzt werden. Sind bspw. wenige oder keine Beschwerden vorhanden, heißt es noch lange nicht, dass die Kunden außergewöhnlich zufrieden sind. Eine exzellente Dienstleistung braucht das „Feedback" ihrer Kunden, um weiterhin ausgezeichnet zu sein. Der Kunde allein weiß, was in seinen Augen verbesserungswürdig ist und worauf er besonderen Wert legt.

Die im ServQual zugrunde gelegten fünf Qualitätsdimensionen (siehe Bild 26) sind auch für andere Techniken des Dienstleistungsbereiches verwendbar. Sie können als Checkliste dienen, um keine wichtigen Aspekte des Service zu vergessen; so beispielsweise auch bei der Anwendung der *K7* (siehe *Pocket Power Kreativitätstechniken*), den *Q7* oder *M7* (siehe *Pocket Power Qualitätstechniken*) oder auch als Orientierung für die *Vignetten-Technik* (siehe Seite 31 ff.).

WIE GEHE ICH VOR?

Der von Parasuraman et al. entwickelte Fragebogen (siehe Bild 27) erhebt den Anspruch, für alle Dienstleistungsarten branchenübergreifend einsetzbar zu sein. Er bildet die Grundlage der durchzuführenden Kundenbefragung.

Fragenkatalog des ServQual-Verfahrens

Materielles/Umfeld:

1. Die Betriebs-/Geschäftsausrüstung ist modern.
2. Die Einrichtung fällt angenehm ins Auge.
3. Die Arbeitnehmer sind adrett gekleidet.
4. Die Broschüren und sonstige Mitteilungen für die Kundschaft sind gut gestaltet.

Zuverlässigkeit:

5. Das Versprechen, etwas zu einem bestimmten Termin zu erledigen, wird eingehalten.
6. Es besteht aufrichtiges Interesse, das Problem eines Kunden zu lösen.
7. Gleich beim ersten Mal wird der Service richtig ausgeführt.

8. Dienste werden zu den versprochenen Terminen geleistet.
9. Kunden erhalten fehlerfreie Belege.

Entgegenkommen:

10. Kunden bekommen gesagt, wann genau der Service geleistet wird.
11. Kunden werden prompt bedient.
12. Die Mitarbeiter sind stets bereit, den Kunden zu helfen.
13. Die Mitarbeiter sind nie zu beschäftigt, um auf Kundenwünsche einzugehen.

Souveränität:

14. Das Verhalten der Mitarbeiter flößt den Kunden Vertrauen ein.
15. Transaktionen erfolgen sicher.
16. Kunden werden stets gleichbleibend höflich behandelt.
17. Die Mitarbeiter beantworten Kundenfragen mit ihrem Fachwissen.

Einfühlungsvermögen:

18. Jedem Kunden wird individuelle Aufmerksamkeit gewidmet.
19. Die Betriebszeiten werden allen Kunden gerecht.
20. Die Mitarbeiter widmen sich persönlich den Kunden.
21. Die Kundeninteressen stehen im Mittelpunkt.
22. Die Kunden fühlen sich in ihrem spezifischen Servicebedürfnis von den Mitarbeitern verstanden.

Bild 27: *ServQual-Punkte*
(Quelle: in Anlehnung an Haller 95, S. 94)

Ablauf

Befragung der Erwartungshaltung

Zuerst müssen die Fragen so formuliert werden, dass der Zustand „so sollte es sein" [*Hentschel 90*] erfasst werden kann. Auf diese Weise werden Kunden vor Nutzung bzw. Inanspruchnahme des Service nach ihren Erwartungen gefragt.

▶ Zu einem hervorragenden Unternehmen der Dienstleistungsbranche gehören modern aussehende Betriebs-/Geschäftsausrüstungen.

▶ Zu hervorragenden Firmen der Branche gehören angenehm ins Auge fallende Einrichtungen.

▶ Zu hervorragenden Firmen der Branche gehört, dass ihre Arbeitnehmer adrett gekleidet sind.

▶ Zu hervorragenden Firmen der Branche gehört eine gute Gestaltung ihrer Broschüren und sonstiger Mitteilungen für die Kundschaft … [Haller 95]

Die Fragen müssen vom Kunden auf einer Skala von 7 (völlige Zustimmung) bis 1 (entschiedene Ablehnung) bewertet werden (siehe Bild 28).

Befragung der Erfahrung

Für diese Interviews können die Formulierungen aus Bild 27 verwendet werden. Die Kunden werden *nach Inanspruchnahme* der Dienstleistung nach ihrem Eindruck befragt.

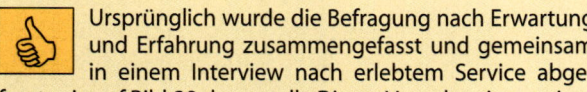 Ursprünglich wurde die Befragung nach Erwartung und Erfahrung zusammengefasst und gemeinsam in einem Interview nach erlebtem Service abgefragt, wie auf Bild 28 dargestellt. Dieses Vorgehen ist weniger zeitaufwendig, dafür kann die ursprüngliche Erwartungshaltung durch den Eindruck der erlebten Dienstleistung verfälscht werden. Deshalb ist es empfehlenswert, beide Erhebungen *getrennt* durchzuführen.

Bild 28: *Karte zur Befragung von Kunden eines Kinderhotels auf der Grundlage des ersten Items „Materielles/Umfeld"*

Auswertung der Interviews

Zur Bewertung der Fragebögen muss zu jedem einzelnen Punkt die Differenz von (Erfahrung – Erwartung) gebildet werden. Je größer der Wert der Differenz desto größer ist der Unterschied zwischen erlebter und erwarteter Dienstleistung, umso dringender müssen Maßnahmen ergriffen werden.

Möglichkeit der weiterführenden Betrachtungen

Je nach Bedarf, kann die Anwendung von ServQual variiert und erweitert werden:

▶ So können statt der vorgegebenen 22 Punkte in den fünf Dimensionen ganz spezielle und konkret für eine bestimmte Dienstleistung formulierte Fragen benutzt werden (siehe Bild 30).

▶ Bekannt ist auch die Vorgehensweise, unabhängig von den einzelnen Merkmalsausprägungen ein *Gesamturteil*

Fragebogen

Wann haben Sie die Dienstleistung zum letzten Mal in Anspruch genommen? _____

Wie oft nutzen Sie die Dienstleistung für gewöhnlich?

☐ täglich ☐ wöchentlich ☐ monatlich ☐ jährlich ☐ nie

Welchen Konkurrenzanbieter benutzen Sie für gewöhnlich? _____

Durchschnittliche Gesamtzufriedenheit

1. Wie zufrieden sind Sie insgesamt mit der Dienstleistung?

☐ ausgezeichnet ☐ sehr gut ☐ teils-teils ☐ unbefriedigend ☐ sehr unzufrieden

2. Werden Sie diese Dienstleistung wieder in Anspruch nehmen?

☐ unbedingt ☐ sicherlich ☐ teils-teils ☐ unwahrscheinlich ☐ auf keinen Fall

3. Werden Sie die Dienstleistung Freunden und Bekannten weiterempfehlen?

☐ unbedingt ☐ sicherlich ☐ teils-teils ☐ unwahrscheinlich ☐ auf keinen Fall

Bild 29: *Entwurf eines Fragebogens (erster Teil)*

kann mit diesem einfachen Instrumentarium erfasst werden. Eine Reihe von Teilaspekten wird von Kunden beurteilt, sie werden nach ihrem jeweiligen Eindruck befragt (Orientierungspunkte können bspw. die fünf Dimensionen des ServQual sein). Als Ergebnis kristallisieren sich die Aspekte heraus, die vom Kunden besonders gut bzw. schlecht angesehen werden.

Das Werkzeug ServPerf gibt allerdings keine Auskunft über wichtige und weniger wichtige Leistungspunkte; es gibt keine Hinweise darauf, an welcher Stelle zuerst verbessert werden müsste.

ÜBUNGSAUFGABE

Auch diese Technik kann zur Übung zuerst einmal auf spielerische Weise erprobt werden.

Als mögliche Aufgabe bietet sich ein gemeinsames Essen mit Freunden und Bekannten an. Oft muss man am Ende eines geselligen Abends feststellen, dass er sehr gelungen oder weniger erfreulich war. Meistens sind die Gastgeber kaum in der Lage zu bestimmen, welche Punkte mehr oder weniger zum Gelingen beigetragen haben. Versuchen Sie es doch einmal anhand eines für Ihre Zwecke ausgearbeiteten Fragenkatalogs.

Ein Interview im Vorfeld, vielleicht schon bei der Einladung, oder die Bitte beim Eintreffen, zuerst den Fragebogen auszufüllen, kann die Erwartungshaltung der Gäste fixieren. Ein weiterer Bogen für den Nachhauseweg oder ein Gespräch am folgenden Tag erfasst das Erleben des Gastes.

Beachten Sie bitte, dass Ihre Gäste bei Ihren Folgeeinladungen auch auf eine „*Verbesserung der Leistung*" hoffen.

Qualität eines Abendessens

Materielles/Umfeld:

1. Das Zimmer ist gut gelüftet und die Raumtemperatur angenehm.
2. Das Essen ist wohlschmeckend.
3. Die Getränke sind passend.
4. Die Musik ist angemessen.

Zuverlässigkeit:

5. Die Einladung ist früh genug angekündigt worden.
6. Das Essen wird pünktlich serviert (nicht zu früh und nicht zu spät).
7. Das Essen ist nicht angebrannt.

Entgegenkommen:

8. Der Empfang ist herzlich.
9. Die Hausfrau/der Hausmann steht nicht nur in der Küche, sondern widmet sich auch seinen Gästen.

Souveränität:

10. Die Zusammenstellung der Gästeliste ist ausgewogen.
11. Die Sitzordnung ist wohldurchdacht.

Einfühlungsvermögen:

12. Jedem Gast wird individuelle Aufmerksamkeit gewidmet.
13. Als Gast fühlt man sich behaglich.

Bild 31: *ServQual-Statements – Beispiel: Qualität eines Abendessens*

(Quelle: in Anlehnung an ServQual-Statements)

Die Auswertung von ServQual gibt direkte Anhaltspunkte, an welcher Stelle sich das Ansetzen von Qualitätstechniken (siehe dazu *Pocket Power Qualitätstechniken*) zur Qualitätsverbesserung in den Augen der Kunden als besonders sinnvoll erweist.

Oft kann es sich für spezielle Dienstleistungen als hilfreich erweisen, nicht den standardisierten Fragebogen mit den 22 Punkten zu verwenden, sondern einen speziell zugeschnittenen Fragenkatalog zu benutzen [*vgl. FinServGap bei Bruhn 00*].

 In vielen Befragungen zeigt sich, dass die Befragten oft dazu neigen, alle Fragen so zu beantworten, dass sich die Werte in der Nähe eines Mittelwertes einpendeln und so zwischen den einzelnen Punkten nicht mehr differenziert werden kann.

Die idealen Erwartungen der Kunden können manchmal durch die Formulierung „so sollte es sein" so hochgegriffen sein, dass sie fast nicht mehr zu realisieren sind. Deshalb muss immer bedacht werden, welche Verbesserungen in welchem Maße auch machbar sind [*vgl. Heskett 97*].

Der ServQual-Fragebogen kann nur diejenigen Kriterien abfragen, die in ihm fixiert wurden. Sollten andere Leistungsaspekte qualitätsrelevant sein, so werden sie nicht beurteilt. Deshalb empfehlen die Autoren, die Festlegung der Qualitätsmerkmale mit SEM oder CIT zu realisieren (siehe Seite 57 ff.).

Die ServQual-Dimensionen können als Grundlage für eine Matrixdarstellung genutzt werden, in der die Kundenanforderungen (gegliedert nach den fünf Dimensionen in Form eines Baumdiagramms = *Systematic Diagram* nach Mizuno) den erforderlichen Dienstleistungsbestandteilen des Unternehmens (Ressourcen wie Planung, Prozess, Personal) gegenübergestellt werden [*vgl. Lemmink 92*]. Diese Matrix kann für ein *Quality Function Deployment* (= QFD, siehe *Pocket Power Qualitätstechniken* oder [*vgl. Eversheim 00*]) genutzt werden.

chwerdemanagement

M GEHT ES?

Fehler entstehen immer wieder. Kein Mensch kann vollkommen fehlerfrei arbeiten. Kunden erwarten aber fehlerfreie Produkte und Dienstleistungen. Da die beste *Null-Fehler-Philosophie* dieses Ergebnis nicht *garantieren* kann und nie Fehler vollkommen auszuschließen sind, wird es immer wieder zu Verärgerungen und Enttäuschungen bei Kunden kommen.

Enttäuschte Kunden sind keine Gegner, die von den Mitarbeitern abgewehrt und in Schach gehalten werden müssen. Viele Dienstleister empfinden Beschwerden als unangenehm, negativ und lästig. Aber Kunden mit schlechten Erfahrungen bieten eine *Chance* für den Dienstleister, denn sie:

▶ wissen genau, was falsch gelaufen ist, was sie gestört hat;

▶ sind in der Lage zu formulieren, wie ein Service besser werden kann;

▶ bieten kostenfreie Informationen, die Anhaltspunkte auf dem Weg zur *kontinuierlichen Verbesserung* bieten;

▶ sind zum Dialog bereit und möchten *eigentlich* die Geschäftsbeziehung weiterhin bestehen lassen.

Für das Unternehmen selbst bedeutet ein effektiv arbeitendes Beschwerdemanagement:

▶ die Kunden zufrieden zu stellen und für eine *positive* Mundpropaganda zu sorgen;

▶ die Möglichkeit, Schwachstellen im Hause zu erkennen, zukünftig diese Probleme zu vermeiden und somit Fehlerkosten zu senken;

▶ durch Wiedergutmachung die Kunden *noch stärker* an sich zu binden;

▶ juristische Auseinandersetzungen mit Kunden auf diesem Wege zu vermeiden.

Die Ablauforganisation des Beschwerdemanagements ist auch für die Bearbeitung von Reklamationen (Gewährleistungen) verantwortlich.

Im Bereich der Qualitätstechniken für den Dienstleistungsbereich wird in letzter Zeit dem „altbekannten" strategischen Konzept des Beschwerdemanagements mit Recht steigende Bedeutung beigemessen. Kein anderes Vorgehen bietet eine solche Chance, in einer laufenden Serviceproduktion eine Übersicht über die aktuellen Kundenprobleme zu gewinnen.

... und noch nie hat jemand einen Streit mit seinem Kunden gewonnen!

WAS BRINGT ES?

„Nur etwa 15 % der unzufriedenen Kunden nehmen die Mühe einer formellen Beschwerde auf sich, 70 % dagegen gehen kommentarlos zum Wettbewerber über (der Rest von ca. 15 % bleibt trotz Unzufriedenheit loyal) [*Biermann 96*]."

Es ist bekannt, dass sich Servicekunden, da sie in den Leistungserstellungsprozess einbezogen sind – also „mitschuldig" sein können – sich generell weniger häufig beschweren, als Kunden, die Probleme mit Sachgütern haben. Andererseits weisen sie eine höhere Abwanderungsquote auf [*Hansen 91*]. Der Kunde eines Serviceunternehmens empfindet tendenziell ein höheres Risiko beim Erwerb der Dienstleistung, da dieses Produkt einen hohen immateriellen Anteil hat, den er vor Inanspruchnahme nicht überprüfen kann. Ein gut funktionierendes Beschwerdemanagement kann diese spezielle Kunden-Serviceanbieter-Bindung stabilisieren und vertrauensvoller gestalten.

Für jedes Unternehmen ist es sinnvoll, ein Beschwerdemanagement einzuführen und zu pflegen: Ein schlagkräftiges Konzept bringt Vorteile, denn unabhängig ob gewünscht oder gehasst, Kundenbeschwerden werden immer auftreten, gleichgültig wie gut oder schlecht das Unternehmen arbeitet.

Zum Abarbeiten von Kundenbeschwerden können die in diesem *Pocket Power* beschriebenen Dienstleistungstechniken sowie andere Qualitätstechniken sinnvoll eingesetzt werden:

▶ Ein erstellter *Service-Blueprint* (siehe Seite 44 ff.) unterstützt die *Beschwerdeanalyse*. Das Ablaufdiagramm gibt Auskunft über Schnittstellen, Prozessabläufe, betroffene Bereiche und vieles mehr.

▶ Ereignisorientierte Kundenbefragungen wie *SEM* (siehe Seite 57 ff.) unterstützen das Auffinden von Lösungsansätzen, da Kunden auch über Wettbewerber und positive Ereignisse befragt werden können.

▶ Der Einsatz von Interviews mit standardisiertem Fragebogen, wie das unter *ServQual* (siehe Seite 68 ff.) beschriebene Vorgehen, bieten die Chance, weitere Kunden zu dem in der Beschwerde vorgebrachten Thema zu hören, um ein genaueres Bild des Problems zu erhalten.

▶ Die *FRAP* (siehe Seite 91 ff.) kann nicht nur für Probleme, sondern auch für Beschwerden eingesetzt werden.

▶ Das Erarbeiten von Lösungsansätzen kann durch den Einsatz der *FMEA* (siehe Seite 100 ff.) unterstützt und strukturiert gestaltet werden.

▶ Die *Sieben elementaren Qualitätstechniken* und die *Sieben Managementwerkzeuge* (siehe *Pocket Power Qualitätstech-*

niken), sowie die *Sieben Kreativitätstechniken* (siehe *Pocket Power Kreativitätstechniken*) können in der Problemlösungsphase eingesetzt werden.

WIE GEHE ICH VOR?

In jedem Unternehmen sind meist schon Strukturen für die Bearbeitung von Beschwerden und Reklamationen ansatzweise vorhanden. Diese können bzgl. ihres Ablaufs überprüft und verbessert bzw. ausgebaut werden.

Ablauf

Beschwerdestimulierung

Als erstes muss der Eingang von Beschwerden aktiviert werden, da viele Kunden ihre Probleme mit einem Unternehmen nicht zwangsläufig äußern. Durch den Anreiz von Präsenten (Gewinn eines Erholungswochenendes, Gutscheinen …) kann die schweigende Mehrheit motiviert werden, sich zu äußern.

 Es kommt darauf an, die Abgabe von Beschwerden für den Kunden so leicht wie möglich zu machen. Richten Sie bspw. ein Beschwerdetelefon ein, ggf. mit einer kostenlosen 0800-Nummer, legen Sie Antwortkarten aus und installieren Sie einen Meckerkasten.

 Nur wenige Beschwerden zu bekommen heißt nicht, dass die Kunden zufrieden sind!

Beschwerdeannahme

Die Stellen des Unternehmens, die Beschwerden entgegennehmen, bedürfen besonderer Beachtung. Besonders wichtig sind dort Mitarbeiter, die dem Kunden einfühlsam zuhören können und sich Zeit für ihn nehmen (er nimmt sich schließlich auch die Zeit, um dem Dienstleister zu sagen, wie er sich verbessern kann). Sie sollten die nötige menschliche Reife besitzen, damit der Kunde Vertrauen zu ihnen fassen kann.

Die Organisation der Beschwerdeannahme kann als *zentrale* oder *dezentrale Bearbeitungsstelle* gestaltet werden [*Hansen 95*]. Die zentrale Bearbeitung ermöglicht den Einsatz von speziell geschultem Personal, bessere Koordination der Beschwerden, und der Dienstleistungserbringer wird nicht direkt mit seinen Fehlern konfrontiert (kann nichts vertuschen). Andererseits besteht bei dezentraler Organisation die Möglichkeit bei ausreichenden Kompetenzen (Rechte, Entscheidungen, Anordnungsbefugnis, Informationsrechte) des Kontaktpersonals, sofort unkompliziert und verursachergemäß auf die Beschwerde zu reagieren.

 In vielen Unternehmen hat es sich als hilfreich erwiesen, den Mitarbeiter, der die Beschwerde annimmt, zum „Beschwerdebesitzer" zu machen. Er fungiert dem Kunden gegenüber als Ansprechpartner und sorgt intern für die Beschwerdebearbeitung.

Beschwerdebearbeitung
(Reaktion und Wiedergutmachung)

Hier muss dem Kunden eine unmittelbare Reaktion auf seine Beschwerde gezeigt werden. Die Palette reicht von persönlichen oder telefonischen Nachrichten bis hin zu kulanten Erstattungen und Entschädigungen. Besonders beachtet werden muss, dass im Gegensatz zur Sachgüterproduktion nicht immer eine Behebung des entstandenen Schadens möglich ist, da die Dienstleistung hohe immaterielle Anteile besitzt, die nicht korrigiert werden können. Eine Übersicht über mögliche Reaktionen und die Art der Abarbeitung von Beschwerden bietet Bild 32:

 Auf jede Beschwerde *muss* reagiert werden, gleichgültig, ob sie gerechtfertigt oder grundlos ist. Der Kunde fühlt sich sonst nicht ernst genommen.

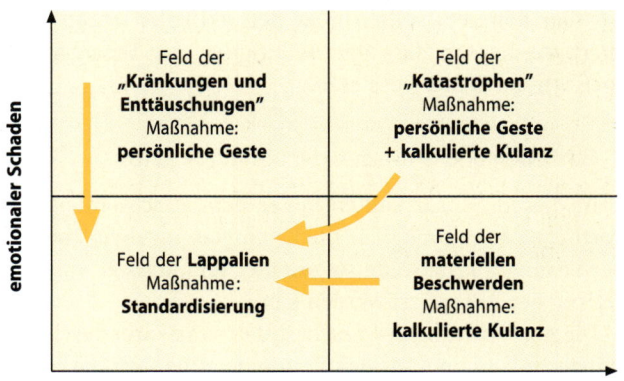

Bild 32: *Abarbeiten von Kundenbeschwerden in Abhängigkeit vom Schaden*

(Quelle: in Anlehnung an Biermann 96)

 Jede Beschwerde sollte so bearbeitet werden, dass sich für den Kunden ein negatives in ein besonders positives Erlebnis wandelt. Eine weitere Enttäuschung wird er kaum akzeptieren.

Beschwerdeanalyse

Jetzt muss das eigentliche Problem erkannt werden. Was verursachte das Problem, aufgrund dessen die Beschwerde zustande kam? Der Beschwerdebesitzer muss die internen Abläufe überprüfen. Als Hilfsmittel kann er *Service-Blueprinting* (siehe Seite 44 ff.), *SEM* oder *CIT* (siehe Seite 57 ff.) nutzen.

Kommunikation: Beschwerdeinformationsweitergabe

Alle Mitarbeiter, die ebenfalls von diesem Problem betroffen sein könnten, sollten über den aktuellen Stand informiert werden, so dass vor Beseitigung der Ursache nicht noch weitere Fehler passieren.

Erarbeiten und Umsetzen der Lösungsansätze

In diesem Schritt sollten außer dem Beschwerdeverantwortlichen soweit möglich alle Beteiligten involviert werden. Der Lösungsansatz sollte so gestaltet sein, dass er von allen Betroffenen akzeptiert werden kann.

Die Ausarbeitung der Beschwerdelösung kann durch Qualitätstechniken im weitesten Sinn unterstützt werden.

VARIATIONSMÖGLICHKEIT

Eine Beschwerde ist eine Unmutsäußerung eines Kunden. Die Stellung des *externen Kunden* bleibt ohne Zweifel die wichtigste, seine Wünsche und Erwartungen müssen erfüllt werden, sonst wechselt er zur Konkurrenz. Letztendlich werden die Mitarbeiter vom Kunden bezahlt.

Oft werden nur die externen Kunden eines Unternehmens gesehen. Jeder Mitarbeiter ist in seiner täglichen Arbeit sowohl *interner Dienstleister* wie *auch interner Kunde* seiner Kollegen. In diesen Beziehungen liegen große Potenziale verborgen. Häufig stellen neue Kollegen fest, dass interne Abläufe optimiert und verbessert werden könnten.

Die Vorgehensweise des Beschwerdemanagements kann fast identisch auch intern angewendet werden. Auch die eigenen Mitarbeiter können durch ihre Beschwerden zur Verbesserung des Unternehmens beitragen. Prinzipiell bietet sich die Integration in das betriebliche Vorschlagswesen an.

ÜBUNGSAUFGABEN

Beschwerdemanagement kann man nicht im privaten oder häuslichen Umfeld üben. Aber jeder kennt den Umgang mit Beschwerden.

Sinnvoll ist es aber auf jeden Fall, Beschwerden nicht nur als zu lösende Aufgabe, sondern auch von der anderen Seite, der des Beschwerdeführers, kennen zu lernen. Statt eines theoretischen Rollenspiels schlagen wir Ihnen deshalb vor:

Beschweren Sie sich, wenn Ihnen eine erbrachte Leistung nicht genügt oder Sie unzufrieden sind!

Viele Unternehmen haben erkannt, dass Beschwerden ein unerschöpfliches Potenzial auf dem Weg zum *Total Quality Management* sind. Oft werden Sie über die positiven Reaktionen der Unternehmen erstaunt sein und Anregungen für das eigene Unternehmen finden. Oft werden Sie aber auch schlechte Beispiele erleben und in der Praxis sehen, wie man es nicht machen sollte.

Bedenken Sie auch, wenn Sie sich als Kunde nicht beschweren: Wie soll das Unternehmen jemals erfahren, was falsch läuft? Den Anbieter kann man zwar wechseln, aber ob der Service auch besser wird, ist fraglich. Deshalb „erziehen" Sie sich Ihre Serviceanbieter, dann können Sie längere Zeit zufrieden mit ihnen zusammenarbeiten und brauchen sich nicht auf das Wagnis einzulassen, immer wieder Konkurrenten zu beauftragen, die vielleicht nicht besser sind.

Es gibt aber auch noch andere Möglichkeiten, den Umgang mit Beschwerden im weitesten Sinne zu erlernen. Mit den Kunden werden oft nur kurze Episoden erlebt, die *Kollegen* sind Bestandteil des täglichen Arbeitslebens. Die meisten Mitarbeiter eines Unternehmens haben die Funktionen gleichzeitig interner Dienstleistungsanbieter und Serviceempfänger zu sein. Während der Arbeitszeit wird häufig Kritik an den Arbeitsweisen der Mitarbeiter/Kollegen geäußert. Werden Sie hellhörig und erkennen Sie, dass Beanstandungen eine Chance zur Verbesserung Ihrer Abläufe sein können!

Die Annahme von Beschwerden bedarf geeigneter Personen, die sorgfältig auszuwählen sind. Persönliche Reife sowie hohe Sozialkompetenz sind notwendig, um im Umgang mit enttäuschten oder wütenden Kunden bestehen zu können.

Beschwerdemanagement und *CIT* (siehe Seite 64 ff.) besitzen auf den ersten Blick viele Gemeinsamkeiten. Beide Techniken beruhen auf unzufriedenen Kunden, die den Grund ihres negativen Eindrucks benennen. Die Vorteile der Beschwerden liegen in ihrer Spontaneität, der selbstformulierten Äußerung des Kunden und der Dringlichkeit des Problems. Die CIT hingegen kann als regelmäßige Kundenbefragung durchgeführt werden, die nicht nur negative, sondern auch positive Ereignisse benennt.

Keine falschen Versprechungen! Kunden merken sehr schnell, wenn ihr Anliegen nicht ernst genommen wird.

In Beschwerden werden oft auch Vergleiche (Vor- und Nachteile) mit Mitbewerbern geäußert:

„... hat das Essen ganz fürchterlich geschmeckt! Legen Sie sich doch einmal für 14 Tage in Ihr eigenes Krankenhaus und müssen immer diese verkochte, geschmacklose Kost essen, obwohl Sie Privatpatient sind! Ich gebe ja zu, dass die medizinische und pflegerische Versorgung besser als im Krankenhaus XY war, aber die Mahlzeiten waren eine reine Zumutung!! ...“

Werden diese Angaben erfasst und regelmäßig ausgewertet, erhält der Serviceanbieter Informationen über den Eindruck, den die Kunden von den Konkurrenten haben.

3.9 Frequenz-Relevanz-Analyse von Problemen

WORUM GEHT ES?

Mitarbeiter in Dienstleistungsunternehmen sehen sich oft mit einer Fülle von Problemen konfrontiert. Es ist für den Einzelnen oft schwer, sich einen Überblick zu verschaffen und zu entscheiden, welche Probleme zuerst gelöst werden sollten. Verbesserungen erscheinen an allen Fronten notwendig, aber die Mittel und Möglichkeiten sind begrenzt und sollten deshalb zum Wohle des Kunden zuerst gezielt in den Bereichen eingesetzt werden, die besonders wichtig sind.

Verschiedene Techniken der Qualitätsermittlung wie *ServQual* (siehe Seite 68 ff.) liefern durch ihre Anwendung Hinweise auf Problemfelder. Konkrete Hinweise auf die Prioritäten, die in der Abarbeitung gesetzt werden sollten, können sie meist jedoch nicht liefern.

Als Entscheidungshilfe kann die *Frequenz-Relevanz-Analyse von Problemen (FRAP)* [Stauss 91; Biermann 94] genutzt werden. Die FRAP stellt eine Weiterentwicklung der *Problem Detecting Method* dar und wird in unterschiedlichen Variationen bzgl. der Frageformulierung und Auswertung angewendet. Kern der FRAP ist die Gegenüberstellung von *Auftretenshäufigkeit* und *Bedeutung* von Problemen, um so einen Hinweis auf die Prioritäten bei der Problemlösung zu gewinnen.

WAS BRINGT ES?

Die FRAP unterstützt die Auswertung von Kundenbefragungen. In einer Portfolio-Darstellung wird die Dringlichkeit von Problemen aufgezeigt, indem diese in ein Achsenkreuz mit den Dimensionen „Häufigkeit von Fehlern" und „Bedeutung von Fehlern" eingetragen werden. Je nach Lage des Problems innerhalb des Koordinatensystems ergeben sich Handlungsempfehlungen, die von Sofortaktion bis hin zur bloßen Beobachtung von Lappalien reichen.

Die FRAP sollte immer dann genutzt werden, wenn die Datenerhebung allein keine Rückschlüsse auf die Art der anzuwendenden Problemlösung zulässt.

WIE GEHE ICH VOR?

Ablauf

Erstellen einer Liste mit den wichtigsten Problemen

Sollten keine Daten aus Anwendungen der Techniken FMEA oder Kundenbefragungen wie ServQual oder SEM vorliegen, so muss zuerst eine Problemliste erstellt werden. Dazu sollte ein Fragebogen für Kunden, die die Dienstleistung

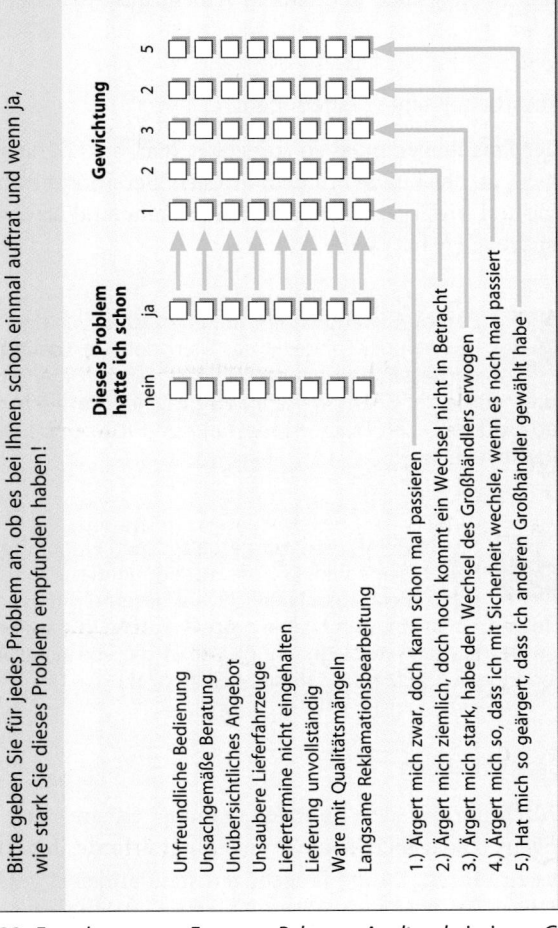

Bild 33: *Fragebogen zur Frequenz-Relevanz-Analyse bei einem Groß-händler*

(Quelle: Eversheim 00, S. 165)

bereits in Anspruch genommen haben, ausgearbeitet werden.

Ausarbeiten eines Fragebogens

Der Fragebogen muss so aufgebaut sein, dass daraus hervorgeht, ob der Kunde mit dem Problem bereits konfrontiert wurde und wie ärgerlich er die Situation empfand bzw. wie er darauf reagiert hat (siehe Bild 33).

 Es gibt Abwandlungen, in denen zusätzlich die Frage nach der Fähigkeit des Dienstleisters, Lösungen herbeizuführen, gestellt wird. Diese Datenerhebung würde zu einem weiteren zusätzlichen Portfolio mit den beiden Skalen *Problembedeutung* und *Problemlösungsfähigkeit* führen.

 Bei der FRAP wird mit geschlossenen Fragen gearbeitet (siehe Bild 33). Die Festlegung dieser Fragen sollte nicht ausschließlich aus Unternehmenssicht erfolgen, sonst könnten Fragen gestellt werden, die am Erleben des Kunden vorbeigehen. Besser ist die vorherige Anwendung von SEM oder CIT (siehe Seite 57 ff.).

Datenerhebung

Durchführung der Kundenbefragung anhand des Fragebogens. Es ist hierbei nicht unbedingt erforderlich, Interviews zu führen. Da die Fragebögen standardisiert gestaltet sind, können sie bspw. auch per Post verschickt werden.

Ausarbeiten der Daten und Eintrag in die
Portfolio-Darstellung

Die Häufigkeit, mit der jedes Problems auftrat, wird ermittelt; sie stellt den Wert für die *Frequenz* des Problems dar. Der *Relevanzwert* wird für jedes aufgetretene Problem als Mittelwert der vom Kunden angegebenen Gewichtung errechnet.

Die Werte können anschließend zur Veranschaulichung in das Portfolio eingetragen werden (siehe Bild 34).

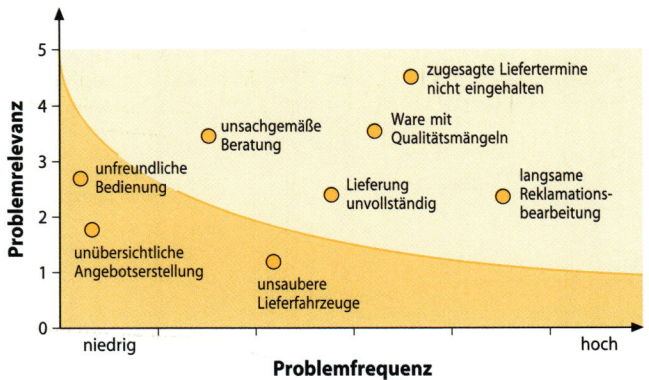

Bild 34: *FRAP bei einem Großhändler*

(Quelle: Eversheim 00, S. 162)

Umsetzung

In der folgenden Bearbeitung und Umsetzung sollten die rechts oben stehenden Probleme zuerst aufgegriffen werden. Sie bedürfen einer Sofortreaktion, da sie besonders häufig auftreten und von hoher Relevanz sind. Anschließend kann der obere linke oder der untere rechte Bereich abgearbeitet werden. Ersterer enthält wichtige Sonderfälle, letzterer weniger stark auffallende kontinuierliche Fehler. Vorläufig vernachlässigbar sind die Punkte im unteren linken Bereich.

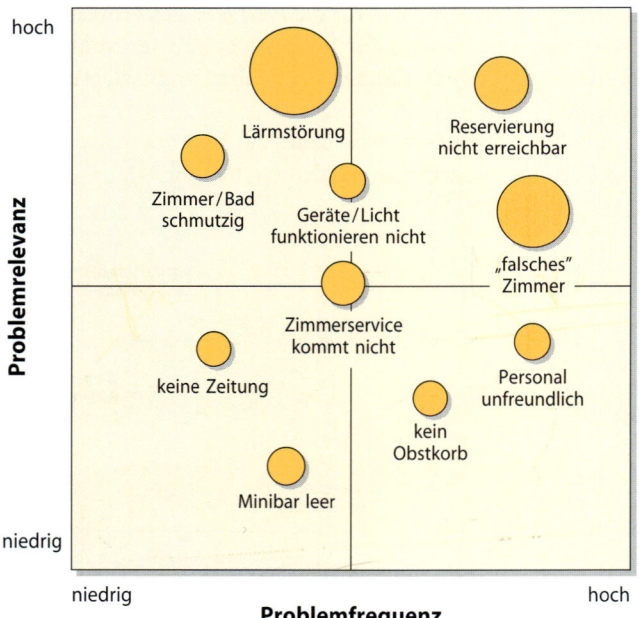

Kreisdurchmesser ≙ Kosten der Fehlerbehebung

Bild 35: *FRAP – Beispiel Hotel*

(Quelle: Biermann 94)

VARIATIONSMÖGLICHKEITEN

Die FRAP selbst kann unterschiedlich verändert werden:

▶ Eine mögliche Variation entwickelte Stauss, der die *Frequenz-Relevanz-Analyse* nicht nur auf Probleme, sondern auch auf *Beschwerden* anwendet (*FRAB*) [*vgl. Stauss 96*].

▶ Biermann nutzt die Größe der Punkte als Informationsträger: Je größer der Kreis, desto höher sind die Kosten der Fehlerbehebung (Bild 35).

Mit der FRAP vergleichbare Techniken sind:

▶ ServImPerv

▶ Penalty-Reward-Contrast-Analyse

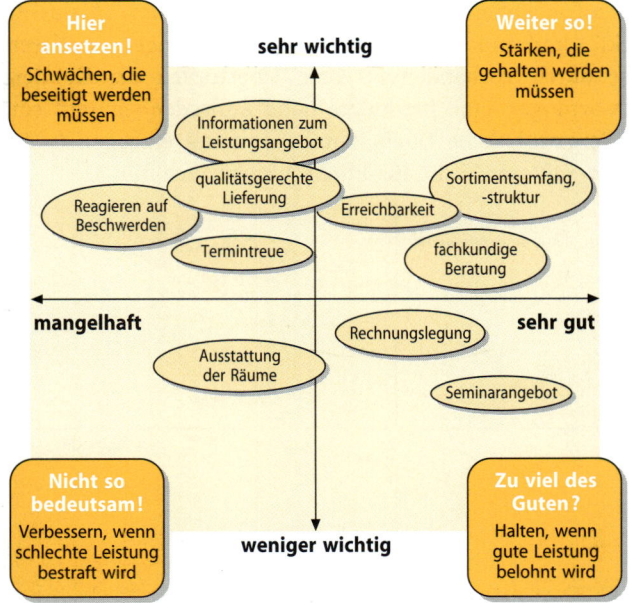

Bild 36: *Bedeutungs-Eindrucks-Analyse in einem Großhandelsunternehmen*

(Quelle: Eversheim 00, S. 162)

ServImPerf – ein Kunstwort aus **Ser**vice-**Im**portance-**Per**formance-Analyse – stellt die Bedeutung der Leistungsaspekte der Kundenbeurteilung gegenüber. Diese auch Bedeutungs-Eindrucks-Analyse [*Hentschel 91; Eversheim 00*] genannte Technik visualisiert sehr gut, welche Leistungsmerkmale bevorzugt zu verbessern sind (siehe Bild 36).

Die **Penalty-Reward-Contrast-Analyse** [*vgl. Brandt 87*] geht davon aus, dass es einerseits Dienstleistungsmerkmale gibt, die durch Nichtvorhandensein bzw. deren mangelhafte Erfüllung beim Kunden besonders negativ auffallen und starke Unzufriedenheit erzeugen (= *Penalty-Faktoren* = „Malus-Effekt") und andererseits Leistungsanforderungen existieren, die durch Vorhandensein bzw. Übertreffen der Kundenerwartungen eine besonders hohe Zufriedenheit und eine außergewöhnliche Qualitätswahrnehmung erzeugen (= *Reward-Faktoren* = „Bonus-Effekt"), siehe auch Bild 37.

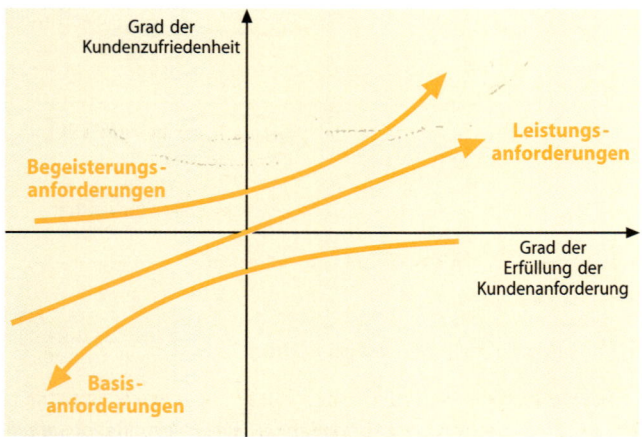

Bild 37: *Kano-Modell der Dienstleistungsqualität*

(Quelle: Kano 84, S. 41)

Der Analyse liegen Kundenbefragungen zugrunde, die mittels Regressionsanalyse zur Quantifizierung der Penalty- und Reward-Faktoren ausgewertet werden [*ausführlicher beschrieben bei Brandt 87*]. Die Werte werden zur Visualisierung in ein Säulendiagramm eingetragen (siehe Bild 38).

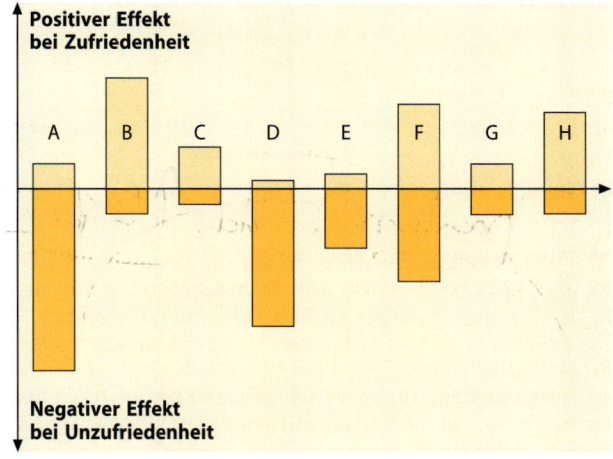

Positiver Effekt
bei Zufriedenheit
A
B
C
D
E
F
G
H
Negativer Effekt
bei Unzufriedenheit
A: Sicherheit der Fahrgeschäfte
B: Gastronomieangebot
C: Landschaftliche Gestaltung
D: Sauberkeit der Anlage
E: Parkplatzverfügbarkeit
F: Angebotsbreite
G: Öffnungszeiten
H: Abwechslungsreichtum

Bild 38: *Bonus- und Malus-Effekt aus Kundensicht*

(Quelle: Biermann 94)

ÜBUNGSAUFGABE

Probleme gibt es überall und leider immer viel zu viele. Verschaffen Sie sich doch einen Überblick, indem Sie eine Problembewertung mittels FRAP vornehmen. Nachfolgend wurde dies für das Alltagsbeispiel „Probleme mit Kindern“ getan:

Bild 39: *FRAP – Beispiel: Probleme mit Kindern*

Grundlage der FRAP bildet die Aussage: *„Ein Problem bedarf umso schnellerer Behebung, je häufiger es auftritt und je ärgerlicher es der Kunde empfindet."*
Die FRAP kann als standardisiertes Verfahren zur kontinuierlichen Qualitätsmessung eingesetzt werden.
Jeder Ansatz, der aus zwei verschiedenen Komponenten besteht, lässt sich in der Darstellung eines Portfolios besonders gut visualisieren.

Achtung: Kunden neigen dazu, bei auftretenden Problemen die schlecht erfüllten Leistungsaspekte überzubewerten, da sie verärgert sind.

3.10 Service-FMEA

WORUM GEHT ES?

Jeder Kunde erwartet einen exzellenten, reibungslosen Service. Werden seine Erwartungen (sowohl die ausgesprochenen, wie auch die unausgesprochenen) erfüllt, so wird er häufig zu einem hervorragenden, unbezahlten (vielleicht auch unbezahlbar wertvollen) Werbeträger. Doch mangelhafte Servicequalität schreckt ab. Als Grund für einen Anbieterwechsel geben 75 % aller Kunden Unzufriedenheit an [*siehe Pocket Power TQM*]. Enttäuschte Kunden können den Unternehmenserfolg beträchtlich gefährden. Sie erzählen ihre negativen Erfahrungen acht- bis elfmal weiter und bauen dadurch ein kaum wiedergutzumachendes negatives Image auf. Fehlervermeidung muss daher auch bei Dienstleistungen an erster Stelle stehen. Der Kunde akzeptiert heutzutage keine fehlerhaften Produkte mehr: Die Unternehmen müssen sich die *Null-Fehler-Philosophie* zu Eigen machen.

Eine Dienstleistung kann nur so gut sein, wie sie ursprünglich konzipiert wurde. Um dies zu gewährleisten, muss sich der Anbieter bereits in der Planungs- und Gestaltungsphase – dem Design neuer Dienstleistungen – über mögliche Fehler, deren Ursachen und Auswirkungen klar werden. In dieser Entwicklungsphase können durch Ermittlung der Fehlerursachen, der möglichen Fehler und der Fehlerfolgen präventive Maßnahmen ergriffen werden, die kostengünstig und erfolgreich Fehler vermeiden helfen.

In diesem Bereich der Dienstleistungsentwicklung findet die *Fehlermöglichkeits- und -einflussanalyse* (*FMEA = Failure Mode and Effect Analysis*) ihre Anwendung. In der produzierenden Industrie wird sie bereits seit Jahren erfolgreich eingesetzt. Sie ist eine systematische Vorgehensweise, die es in der Planungsphase ermöglicht:

▶ Fehler frühzeitig zu erkennen,
▶ die Fehlerursachen festzustellen,
▶ die Auswirkungen der möglichen Fehler abzuschätzen und zu bewerten und

▶ Maßnahmen zur Fehlervermeidung, bzw. Abminderung der Fehlerfolgen festzulegen.

Aber nicht nur in der Neuentwicklung leistet diese Technik hervorragende Unterstützung. Auch bei Produktänderungen oder bei bereits eingeführten Abläufen können Produkte oder Prozessabläufe in einem FMEA-Projekt überprüft und von potenziellen Fehlern befreit werden. Dies sollte bei besonders kritischen Abläufen auf jeden Fall stattfinden. Darunter fallen bei Dienstleistungen insbesondere Prozesse, die in *unmittelbarem* Kontakt mit dem Kunden stattfinden.

Die klassische Fehlermöglichkeits- und -einflussanalyse stammt aus der industriellen Produktion und wurde bereits Mitte der 70er Jahre im Apollo-Projekt der NASA erfolgreich eingesetzt. Heute wird diese Qualitätstechnik in der gesamten industriellen Produktion genutzt. Vor allem bei Automobilherstellern und ihrer Zulieferindustrie gehört sie zu den Standard-Qualitätstechniken und ist sowohl als Konstruktions-FMEA, Prozess-FMEA wie auch als System-FMEA bekannt.

WAS BRINGT ES?

Fehlervermeidung ist wirtschaftlicher als Fehlerbeseitigung.

Schon in der Produktion von Sachleistungen sind nachträgliche Verbesserungen oft nur noch schwer möglich, bzw. mit hohen Kosten verbunden. So steigen die Fehlerbeseitigungskosten mit jedem Prozessschritt um das Zehnfache:

Die Notwendigkeit Fehler zu vermeiden, statt Fehlerkorrektur zu betreiben, gilt in noch stärkerem Maße für den Dienstleistungssektor.

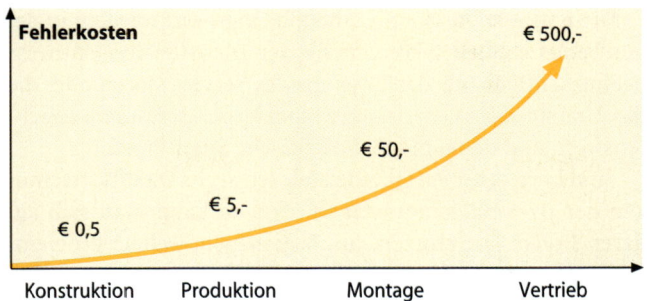

Bild 40: *Fortpflanzung der Fehlerkosten*

(Quelle: vgl. Pfeifer 01)

Eine Dienstleistung wird meist in Zusammenarbeit mit dem Kunden oder durch Überlassen seines Verfügungsobjektes erstellt (Integration des externen Faktors). Auch wird der Service oft schon bei der Erbringung konsumiert (Gleichzeitigkeit von Produktion und Absatz). Rückgabe, Umtausch oder Korrektur sind nur schwer oder überhaupt nicht möglich.

Wer kann schon eine zu kurz geschnittene Frisur wieder in den alten Zustand zurückversetzen, eine durch unkorrekte Angaben des Kunden geprägte Finanzberatung korrigieren oder einem Patienten den Schaden durch einen fälschlicherweise gezogenen Zahn erstatten?

Wegen dieser, durch den Kunden mitbeeinflussbaren Faktoren, erscheint es besonders schwer, fehlerfreie Abläufe zu schaffen. Aber gerade im Service muss durch den Dienstleister jede Möglichkeit genutzt werden, absehbare Fehler auszuschalten, zu vermeiden oder, falls nicht anders möglich, sofortige Gegenmaßnahmen zu ergreifen. Dieses Vorgehen unterstützt die FMEA.

Die FMEA sollte für alle Abläufe eingesetzt werden, in denen Fehler entstehen können, die den Dienstleistungsprozess beeinträchtigen, die das Ergebnis des Service stören oder die das Umfeld des Dienstleisters blockieren. Besonders beachtenswert sind dabei mögliche kritische Situationen.

Sind bereits im Vorfeld die anderen sechs Qualitätstechniken der D7-Reihe eingesetzt worden, so kann man sich auf deren Ergebnisse stützen, um festzulegen, welche Problemfelder primär mit der FMEA zu bearbeiten sind.

Liegen die Ergebnisse einer *FRAP* vor, so ist es ratsam, in erster Linie die im oberen äußeren Quadranten eingetragenen Probleme aufzuarbeiten.

Sind *Beschwerden* (von Kunden) bzw. auch Verbesserungsvorschläge von Mitarbeitern vorhanden, so können diese direkt bearbeitet werden.

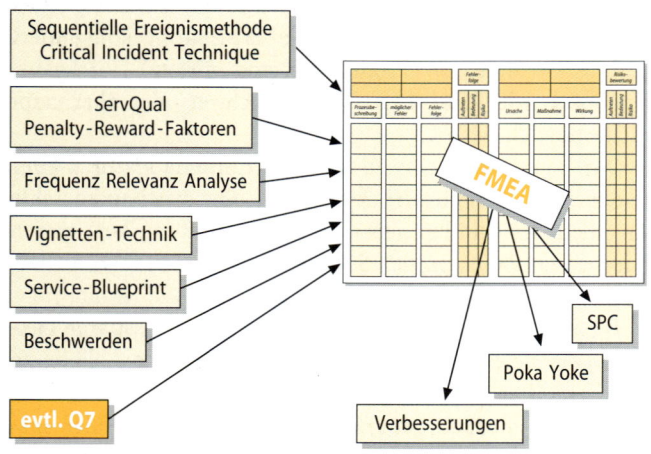

Bild 41: *Techniken, die im Zusammenhang mit einer FMEA eingesetzt werden können*

Wurde eine *ServQual*-Untersuchung oder eine *Penalty-Reward-Contrast-Analyse* durchgeführt, so können die Punkte mit den größten Abweichungen (Erwartungs- zu Erfüllungsgrad bzw. Penalty- zu Reward-Faktor) direkt in einem FMEA-Projekt umgesetzt werden.

Auch die *SEM* oder die *CIT* liefern direkte Aussagen des Kunden. Er bezeichnet in beiden Verfahren Situationen, die er als besonders störend empfindet oder über die er sich sehr geärgert hat. Diese Hinweise helfen dem Serviceanbieter besonders negative Erlebnisse zukünftig zu vermeiden.

Der *Service-Blueprint* gibt dem Dienstleister die Chance, die besonders kritischen Interaktionen entlang der Grenzlinie Kunde-Dienstleister in Augenschein zu nehmen. Erfahrungsgemäß sind diese Übergänge besonders qualitätsrelevant. Es ist aber auch zu beachten, dass die Bearbeitung von Problemen unterhalb der Wahrnehmungslinie (= Back Office-Bereich) anders zu handhaben ist, als kritische Situationen, die in direktem Kontakt mit dem Kunden stattfinden. Je nachdem wird die *Online-* bzw. *Offline-FMEA* eingesetzt.

Durch die Anwendung der *Vignetten-Technik* erhält das Unternehmen einen idealtypischen Prototypen auf der Grundlage von Befragungen zukünftiger Kunden für eine fiktive Dienstleistung. Sie wird durch spezielle Merkmalsausprägungen gekennzeichnet. Genau wie in der Produktion, können auf der Grundlage dieser spezifischen Kennzeichen (in der Industrie sind es Produktmerkmale) FMEAs durchgeführt werden.

Möchte ein Dienstleister unabhängig von den anderen Techniken der D7-Reihe das Werkzeug FMEA einsetzen, so muss er sich zuerst darüber klar werden, welche Fehler zuerst bearbeitet werden sollen.

WIE GEHE ICH VOR?

Um eine Fehlermöglichkeits- und -einflussanalyse erfolgreich durchführen zu können, wird ein Expertenteam benötigt. In diesem müssen alle betroffenen Bereiche (evtl. auch die indirekt betroffenen) sachkundig vertreten sein.

Bei einer FMEA in einem EDV-Systemhaus, das anwendungsspezifische Programmierungen durchführt, reicht es nicht aus, dass im Team ein Programmierer, ein Einkäufer, ein Mitarbeiter des Vertriebs und des Marketings vertreten sind. Es ist auch notwendig einen wichtigen Kunden, einen Mitarbeiter des Lieferanten und einen firmeninternen Mitarbeiter des technischen Service mit einzubinden.

Wenigstens ein Teilnehmer des Teams sollte mit dem Ablauf einer FMEA vertraut sein und als Moderator fungieren.

Auch kann bereits vor dem Zusammenkommen des Teams das Thema (Problembereich) fixiert werden. Das Auffinden von potenziellen und realen Fehlern kann am besten durch vorliegende Ergebnisse von bereits eingesetzten D7-Techniken unterstützt werden.

Sind diese Techniken allerdings unbekannt oder bisher nicht eingesetzt, so kann auch auf die Nutzung der *Sieben Elementaren Qualitätswerkzeuge Q7* (siehe auch *Pocket Power Qualitätstechniken*) verwiesen werden. Auch sie unterstützen das Aufzeigen von Fehlern und Problemen:

▶ durch das Führen von *Fehlersammellisten* und *Qualitätsregelkarten*,
▶ die Erstellung von *Histogrammen* oder *Pareto-Diagrammen*,
▶ das Suchen von Problemen in *Brainstorming*-Sitzungen.

Die Sitzungen sollten als *interdisziplinäre* Treffen konzipiert sein, an denen besonders wichtige Kunden – und wenn vorhanden auch Lieferanten – teilnehmen. Im Dialog mit den Betroffenen können Probleme direkt angesprochen werden. Die Gefahr von Missverständnissen kann so verringert werden.

Ablauf

Der Ablauf einer Service-FMEA wird im Folgenden anhand der Abarbeitung der Felder des FMEA-Formblattes erläutert (siehe Bild 42). Es soll hier im Speziellen auf die Online-FMEA eingegangen werden, da sie den Bereich der für Dienstleistungen wichtigen direkten Kundenkontakte betrifft.

Stammdaten

In der Kopfzeile des FMEA-Formblattes werden die allgemeinen Daten wie Art der FMEA, betrachtete Dienstleistung, Datum und beteiligte Personen eingetragen. Die Daten werden der Verwaltung der ausgefüllten Formblätter dienen, die später bei ähnlichen oder gleichen Problemen wichtige Informationsquellen sind und helfen, die bereits vorliegenden Erfahrungen zu nutzen.

Prozessbeschreibung

Hier wird der betrachtete Prozess oder Prozessabschnitt (Episode) in seinen einzelnen Arbeitsschritten ggf. bis auf die Ebene der Kontaktpunkte beschrieben. Wichtig ist die schlüssige Benennung des Prozesses und seine Abgrenzung. Hierfür kann ein Blueprint verwendet werden, in dem der entsprechende Abschnitt markiert wird. Weiterhin sollten die Eigenschaften und die Funktion des Prozesses bzw. seiner Arbeitsschritte kurz beschrieben werden.

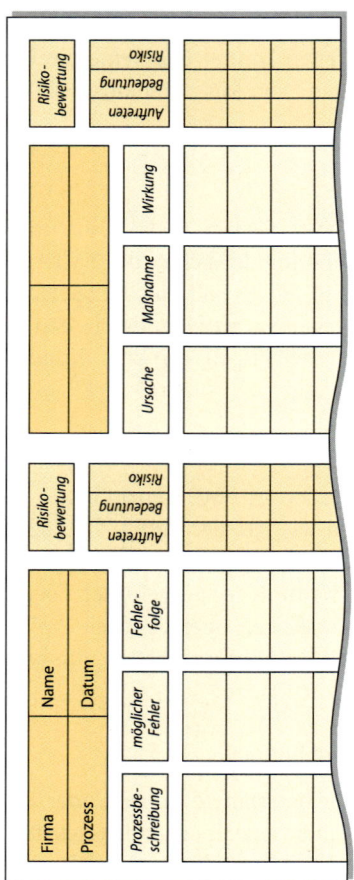

Bild 42: *Kopf einer Online-Service-FMEA*

(Quelle: in Anlehnung an Gogoll 96)

Werden für umfangreiche Prozesse erstmalig Fehlermöglichkeits- und -einflussanalysen durchgeführt, ist ein Vorgehen nach dem *Pareto-Prinzip* (20 % der Fehler sind für 80 % der Störfälle verantwortlich) empfehlenswert. Durch Konzentration auf die *wichtigsten Fehler* (also keine Sonderfälle, sondern diejenigen, die am häufigsten auftreten) und deren Beseitigung, bzw. Einschränkung, können schnell vorzeigbare Ergebnisse erzielt werden.

Mögliche Fehler

„Alles, was schief gehen kann, geht schief!", so jedenfalls behauptet Murphys Gesetz, und das zeigt leider auch die Erfahrung. Ziel dieses Arbeitsschritts ist die Identifikation aller möglichen Fehler, die in den Prozessen auftreten können. Dabei kann bspw. aus Erfahrungen mit ähnlichen Prozessen geschöpft oder die Phantasie mit Kreativitätstechniken angeregt werden.

Mögliche Fehlerfolgen

Zu allen gefundenen Fehlern werden nun mögliche Folgen *für den Kunden* aufgezeichnet. Dabei wird die Frage gestellt: „Was passiert, wenn der Fehler eintritt?"

Mögliche Fehlerursachen

Um später Maßnahmen zur Fehlervermeidung festlegen zu können, müssen nun für jeden möglichen Fehler die Ursachen gefunden werden. Dabei kann sehr gut ein UrsacheWirkungs-Diagramm (Ishikawa-Diagramm) verwendet werden.

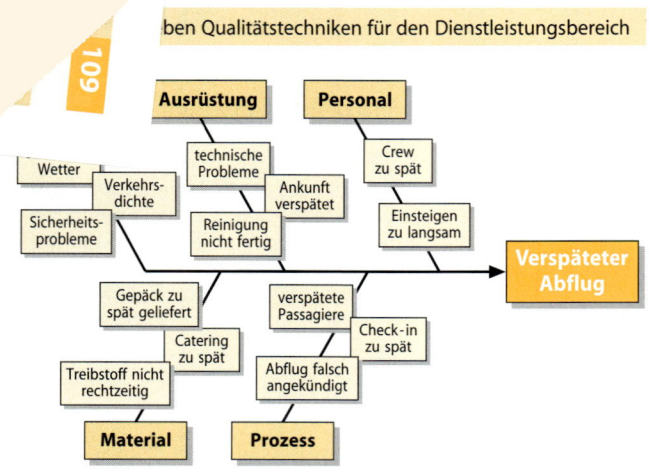

Bild 43: *Ishikawa-Diagramm am Beispiel eines verspäteten Fluges*

Auftretenswahrscheinlichkeit

Nun wird beurteilt, wie wahrscheinlich das Auftreten der jeweiligen Fehlerursache ist, nicht das Auftreten des Fehlers selber. Es wird so berücksichtigt, dass ein Fehler mehrere Ursachen haben kann, die unterschiedlich wahrscheinlich auftreten. Zur Bewertung wird eine Skala von 1 (unwahrscheinlich) bis 10 (sehr wahrscheinlich) verwendet (siehe Bild 44). Ein Maßstab, welche Wahrscheinlichkeit bzw. Häufigkeit des Fehlerauftretens mit welchem Skalenwert belegt werden muss, kann von vornherein nicht festgelegt werden. Er muss firmenspezifisch gefunden werden und ist dann konsequent anzuwenden, um die Vergleichbarkeit verschiedener FMEAs zu gewährleisten.

Auftretenswahrscheinlichkeit (A):

hoch   **9 bis 10**
Der Fehler wird ständig auftreten

mäßig   **7 bis 8**
Die Mehrzahl der Ergebnisse wertet diesen Fehler auf

gering   **4 bis 6**
Gelegentliches Auftreten des Fehlers lässt sich nicht vermeiden

sehr gering   **2 bis 3**
Der Fehler wird sich sporadisch ereignen

unwahrscheinlich   **1**
Es wird nicht damit gerechnet, dass der Fehler auftritt

Bild 44: *Bewertung der Auftretenswahrscheinlichkeit*

(Quelle: in Anlehnung an Gogoll 96)

Bedeutung für den Kunden

Nun wird für jede Fehlerursache beurteilt, welche Bedeutung ihr Eintreten *für den Kunden* hat. Dabei werden insbesondere die mögliche Verärgerung des Kunden und die daraus resultierenden Folgen wie Anbieterwechsel oder Beschwerde beachtet. Auch hier wird eine Skala von 1 bis 10 angewendet (siehe Bild 45).

Bedeutung des Fehlers (B):

hoch   **9 bis 10**

Der Fehler ist äußerst schwer und führt auf jeden Fall zum Kundenverlust

mäßig   **7 bis 8**

Der Kunde ist über den Fehler verärgert; er wird sich auf jeden Fall beschweren

gering   **4 bis 6**

Der Kunde ist unzufrieden, wird aber dennoch den Dienstleister nicht wechseln

sehr gering   **2 bis 3**

Der Kunde wird den Fehler zwar bemerken, sich aber nicht beeinträchtigt fühlen

kaum vorhanden   **1**

Der Kunde wird den Fehler kaum wahrnehmen

Bild 45: *Bewertung der Bedeutung*

(Quelle: in Anlehnung an Gogoll 96)

Kunden können im Sinne der FMEA die externen Kunden sein, es ist aber auch möglich, die Vorgehensweise auf interne Kunden anzuwenden, indem man den Bearbeiter eines Prozessschrittes als Kunden des vorangegangenen Prozessschrittes versteht.

Risiko

Mit der Bewertung von Auftretenswahrscheinlichkeit und Bedeutung einer möglichen Fehlerursache kann nun das Risiko des Fehlerauftretens aufgrund dieser Ursache ermittelt werden. Dazu werden die Skalenwerte für Auftretenswahrscheinlichkeit A und Bedeutung B miteinander multipliziert. Der Wert wird Risikozahl genannt:

$$\text{Risikozahl} = A \cdot B$$

Empfohlene Abstellmaßnahmen

In diesem Schritt wird nun versucht, Maßnahmen zu finden, die das Auftreten der Fehlerursachen verhindern, wobei die Risikozahl die Reihenfolge und Wichtigkeit der Bearbeitung vorgibt.

Dabei ist zu beachten, dass ein und derselbe Wert aus unterschiedlichen Einzelwerten bestehen kann. Die Risikozahl 20 kann als Produkt von $A = 2$ und $B = 10$ oder $A = 10$ und $B = 2$ entstehen. In beiden Fällen wären unterschiedliche Maßnahmen zu ergreifen.

Bei hoher Auftretenswahrscheinlichkeit können bspw. Prozessveränderungen vorgenommen werden. Die Einführung von Kontrollmaßnahmen macht keinen Sinn, da die Dienstleistung unmittelbar vom Kunden verbraucht wird und eine Kontrolle vor Erbringung nicht möglich ist.

Die Bedeutung der Fehlerursache für den Kunden lässt sich nicht beeinflussen. Auch mit Gegenmaßnahmen kann sie nicht verändert werden.

Wirkung der Abstellmaßnahmen

Um sich über die Veränderungen durch die zu treffenden Maßnahmen klar zu werden, wird ihre Wirkung abgeschätzt.

| Tiertransport | | | Risikobewertung | | | | | | Risikobewertung | | |
| Prozessbeschreibung | möglicher Fehler | Fehlerfolge | Auftreten | Bedeutung | Risiko | Ursache | Maßnahme | Wirkung | Auftreten | Bedeutung | Risiko |
Hund & Katz **29.10.2001**											
Haustier beim Auftraggeber abholen	Beschwerden des Tieres werden nicht genannt	falsche Diagnose bzw. falsche Behandlung des Arztes	7	8	56	Fahrer hat nicht exakt nachgefragt	Fragebogen durch Tierhalter bei Abholung ausfüllen lassen	Behandlungstermin verkürzt sich beim Tierarzt	1	8	8
	keine passende Transportmöglichkeit vorhanden (Box, Leine, Behälter)	Transport muss verschoben werden	9	9	81	Kunde nicht informiert	im Auftragsformular Hinweise auf Transportmittel	Kunde über den Ablauf besser informiert	1	9	9
		behelfsmäßiges Transportmittel schadet dem Tier	4	9	36	Kunde besitzt kein Transportmittel	Vorrat an Faltboxen, Leinen, Behälter, Maulkörbe im Auto	korrekter Transport des Haustieres	1	9	9

Bild 46: *Online-Service-FMEA eines Haustiertransportunternehmens*

Verbesserter Zustand

Um dem präventiven Charakter der FMEA gerecht zu werden, wird abschließend eine Beurteilung des Risikos bei Durchführung der Abstellmaßnahmen vorgenommen. Es lässt sich so ein Vergleich der ursprünglichen mit der Risikozahl nach Abstellmaßnahmen anstellen. Es kann so überprüft werden, ob die vorgeschlagenen Maßnahmen Einfluss auf das Risiko haben werden.

VARIATIONSMÖGLICHKEITEN

Für Dienstleistungen, die ergebnisorientiert sind und nicht in unmittelbarem Kundenkontakt erstellt werden, aber auch für alle Prozesse, die im Back Office ohne den Kunden ablaufen, kann die *Offline-Service-FMEA* eingesetzt werden. Die Offline-Technik enthält zusätzlich zu den Spalten „Auftreten" und „Bedeutung" die Spalte „Entdeckung" (E), in der Bewertungen in der Spannweite von 1 (unwahrscheinlich) bis 10 (sehr wahrscheinlich) einzutragen sind. Dadurch verändert sich auch die Risikobewertung, die im FMEA-Formblatt [vgl. *VDA 86, S. 85–86*] als Risikoprioritätszahl RPZ bezeichnet wird. Sie berechnet sich dann wie folgt:

$$RPZ = A \cdot B \cdot E$$

Auf diese Weise können pro Fehler Werte von 1 (kein Risiko) bis 1.000 (sehr hohes Risiko) erreicht werden.

Wesentliches Ziel der FMEA ist die Fehlervermeidung. Die beste Art, Fehler zu vermeiden, ist dafür zu sorgen, dass sie nicht auftreten *können*: *Poka Yoke* ist hier die Technik der Wahl. Im Industriebereich wird sie erfolgreich angewendet, indem bspw. Vorrichtungen installiert werden, die Fehlbedienungen von Maschinen zuverlässig verhindern.

Dies ist auch für Dienstleistungen möglich. Hier kann mit Warnsignalen oder Farbcodierungen gearbeitet werden. Unter anderem kann auch die Prozessabfolge fehlhandlungssicher gestaltet werden:

An Geldautomaten ist es nur schwer möglich, die EC-Karte zu vergessen. Denn der Automat gibt erst das Geld heraus, wenn die Karte wieder entnommen wurde.

ÜBUNGSAUFGABE

Da vielen Menschen eine verunglückte Familienfeier nicht unbekannt ist und das Zusammentreffen von Verwandtschaft und Bekanntschaft anlässlich eines feierlichen Rahmens nicht ohne Planung ablaufen sollte, wäre dies eine geeignete und auch Erfolg versprechende Möglichkeit, die FMEA einzusetzen.

 Beim Ausfüllen der Spalten von links nach rechts sollte stets beachtet werden, dass die FMEA meist wie ein sich nach rechts öffnender Trichter aussieht, d. h., zu einem Fehler gibt es meistens mehrere Folgen, für die es wiederum mehrere Ursachen gibt. Deshalb sollten Anfängergruppen stets nur *einen* potenziellen Fehler pro Arbeitsblatt betrachten. Dies fördert die Übersichtlichkeit.

 Erfahrungsgemäß fällt es am Anfang schwer, die Spalten „Prozessbeschreibung" von „mögliche Fehler" und „Fehlerfolge" exakt abzugrenzen. Viele Fehler basieren auf einer ganzen Kette von Ursachen und Folgen. Für die FMEA ist wichtig, sich über den Abschnitt der Kette einig zu werden, der bearbeitet werden soll.

Um lange währende Diskussionen über die Punktevergabe bzgl. Auftreten, Bedeutung und evtl. auch Entdeckungswahrscheinlichkeit zu umgehen, ist es ratsam, nach wenigen Minuten der Beratung eine Abstimmung auf der Grundlage des Mehrheitsprinzips vorzunehmen, da ansonsten der zeitliche Rahmen gesprengt werden könnte.

Wie bereits zu Beginn erläutert, ist Fehlervermeidung günstiger als Fehlerbehebung. Bei Dienstleistungen, die einen hohen Automatisierungsgrad aufweisen, ist es empfehlenswert, eine weitere Qualitätstechnik einzusetzen: Die *Statistische Prozessregelung* (= SPC, siehe *Pocket Power Qualitätstechniken*).

Literatur

Alle Pocket-Power-Bände, siehe hintere innere Umschlagseite.

[*Amsden 91*] *Amsden, D. M.; Buttler, H. E.; Amsden, R. T.:* SPC Simplified for Services. London 1991

[*Berekoven 74*] *Berekoven, L.:* Der Dienstleistungsbetrieb. Wiesbaden 1974

[*Biermann 94*] *Biermann, T.:* Das Service-Portfolio; Entscheidungshilfe im Konflikt zwischen Kosten und Qualität. In: Service Management Praxis 1994, Nr. 6

[*Biermann 96*] *Biermann, T.:* Neue Wege der Kundenwunschforschung. In: Dehr, G.; Biermann, T. (Hrsg.): Kurswechsel in Richtung Kunden. Frankfurt a. M. 1996

[*Brandt 87*] *Brand, D. R.:* A Procedure For Identifying Value-Enhancing Service Components Using Customer Satisfaction Survey Data. In: Surprenant, C. (Hrsg.): Add Value to Your Service, 6th Annual Services Marketing Conference Proceedings. Chicago 1987

[*Bruhn 91*] *Bruhn, M.:* Qualitätssicherung im Dienstleistungsmarketing. In: Bruhn, M.; Stauss, B. (Hrsg.): Dienstleistungsqualität. Wiesbaden 1991

[*Bruhn 00*] *Bruhn, M.; Stauss, B. (Hrsg.):* Dienstleistungsqualität. Wiesbaden 2000

[*Corsten 85*] *Corsten, H.:* Die Produktion von Dienstleistungen. Berlin 1985

[*debis-Forum 96*] *debis-Forum:* Die Zukunft der Dienstleistung. Abgeordnetenhaus Berlin 1996

[*Dijkstra 91*] *Dijkstra, L. A.:* A general design for quality judgement research. Jerusalem. October 1991

[*DIN 25 448*] *DIN 25 448:* Ausfalleffektanalyse. Berlin 1990

[*DIN EN ISO 9000*] *DIN EN ISO 9000:* Qualitätsmanagementsystem Grundlagen und Begriffe. Berlin 2000

[*Donabedian 80*] *Donabedian, A.:* The Definition of Quality and Approaches to its Assessment, Vol. I. Ann Arbor 1980

[*Eversheim, W. 00*] Qualitätsmanagement für Dienstleister. Berlin 2000

[*Flanagan 54*] Flanagan, J. C.: The Critical Incident Technique. In: Psychological Bulletin, 51 (1954) July, S. 327–358

[*Garvin 88*] Garvin, D. A.: Die acht Dimensionen der Produktqualität. In: Harvard manager, 10 (1988) Nr. 3, S. 25–74

[*Gogoll 96*] Gogoll, A.: Untersuchung der Einsatzmöglichkeiten industrieller Qualitätstechniken im Dienstleistungsbereich. Berlin 1996

[*Govers 92*] Govers, C. P. M.: The Judgement of Service Quality. In: Kunst, P.; Lemmink, J. (Hrsg.): Quality Management in Services. Assen/Maastricht 1992, S. 101–114

[*Haller 95*] Haller, S.: Beurteilung von Dienstleistungsqualität. Wiesbaden 1995

[*Haller 01*] Haller, S.: Dienstleistungsmanagement. Wiesbaden 2001

[*Hansen 91*] Hansen, U.; Jeschke, K.: Beschwerdemanagement für Dienstleistungsunternehmen. In: Bruhn, M.; Stauss, B. (Hrsg.): Dienstleistungsqualität. Wiesbaden 1991

[*Hansen 95*] Hansen, U.; Jeschke, K.; Schöber, P.: Beschwerdemanagement – Die Karriere einer kundenorientierten Unternehmensstrategie im Konsumgütersektor. In: Marketing ZfP, 17 (1995) Nr. 2, S. 77–88

[*Hentschel 90*] Hentschel, B.: Die Messung der wahrgenommenen Dienstleistungsqualität mit SERVQUAL. In: Marketing ZFP, 12 (1990) Nr. 4, S. 231

[*Hentschel 91*] Hentschel, B.: Multiattributive Messung von Dienstleistungsqualität. In: Bruhn, M.; Stauss, B. (Hrsg.): Dienstleistungsqualität. Wiesbaden 1991

[*Heskett 97*] Heskett, J. L.; Sasser, W. E.; Schlesinger, L. A.: The Service Profit Chain. New York 1997

[*Hilke 89*] Hilke, W.: Dienstleistungs-Marketing. Wiesbaden 1989

[*Jaschinski 98*] Jaschinski, C.: Qualitätsorientiertes Redesign. Aachen 1998

[*Kamsike 99*] Kamiske, G. F.: Qualitätsmanagement von A bis Z. München 1999, 3. Auflage

[Kano 84] Kano, N.; Seraku, N.; Takahashi, F.; Tsuji, S.: Attractive Quality and Must-Be Quality. In: Hinshitsu, April 1984, S. 39–48

[Kingman-Brundage 89] Kingman-Brundage, J.: The ABCs of Service System Blueprinting. In: Bitner, M. J.; Crosby, L. A. (Hrsg.): Designing a Winning Service. Chicago 1989

[Lemmink 92] Lemmink, J.; Behara, R. S.: Q-Matrix: A Multi-Dimensional Approach To Using Service Quality Measurements. In: Kunst, P.; Lemmink, J. (Hrsg.): Quality Management in Services. Assen 1992

[Luczak 99] Luczak, H.: Servicemanagement mit System. Berlin 1999

[Luczak 00] Luczak, H.: Service Engineering der systematische Weg von der Idee zum Leistungsangebot. In: Wildemann, H.: TCW Report. München 2000

[Mangold 00] Mangold, K.: Dienstleistungen im Zeitalter globaler Märkte. Wiesbaden 2000

[Meyer 98] Meyer, A.: Handbuch Dienstleistungsmarketing. Stuttgart 1998

[Parasuraman 88] Parasuraman, A.; Zeithaml, V. A.; Berry, L. L.: SERVQUAL: A Multiple-Item Scale For Measuring Consumer Perceptions of Service Quality. In: Journal of Retailing, 64 (1988) Nr. 1, S. 12 ff.

[Peeters 92] Peeters, B.; Faton, J.; Pieropont, P. de: Storyboard, le cinema dessiné. Paris 1992

[Pfeifer 01] Pfeifer, T.: Qualitätsmanagement. 3. Auflage München 2001

[Phadke 89] Phadke, M. S.: Quality Engineering Using Robust Design. Englewood Cliffs 1989

[Prognos 95] Prognos Report. Basel 1995

[Reichheld 91] Reichheld, F. F.; Sasser, W. E.: Ziro-Migration: Dienstleister im Sog der Qualitätsrevolution. In: Harvard manager, 13 (1991) Nr. 4, S. 108–116

[Rossi 82] Rossi, P. H.; Anderson, A. B.: The Factorial Survey Approach: An Introduction. In: Rossi, P. H.; Nock, S. L. (Hrsg.): Measuring social judgements. Beverly Hills 1982

[*Shostack 81*] *Shostack, G. L.:* How to Design a Service. In: Donnelly, J. H.; George, W. R. (Hrsg.): Marketing of Services. American Marketing Association 1981

[*Shostack 84*] *Shostack, G. L.:* Planung effizienter Dienstleistungen. In: Harvard manager, 6 (1984) Nr. 3, S. 93–99

[*Stauss 91*] *Stauss, B.:* „Augenblicke der Wahrheit" in der Dienstleistungserstellung: Ihre Relevanz und ihre Messung mit Hilfe der Kontaktpunkt-Analyse. In: Bruhn, M.; Stauss, B. (Hrsg.): Dienstleistungsqualität. Wiesbaden 1991

[*Stauss 96*] *Stauss, B.; Seidel, W.:* Beschwerdemanagement. München 1996

[*VDA 86*] VDA Verband der Automobilindustrie (Hrsg.): Qualitätskontrolle in der Automobilindustrie, Band 4 – Sicherung der Qualität vor Serieneinsatz. Frankfurt a. M. 1986

[*Zeithaml 92*] *Zeithaml, V. A.; Parasuraman, A.; Berry, L. L.:* Qualitätsservice. Frankfurt a. M. 1992

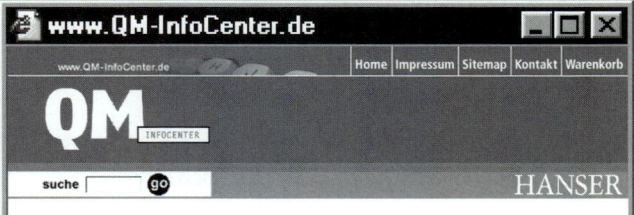
 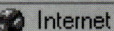